シリーズ言葉と社会 4

勁草書房

国語教科書の戦後史

佐藤泉

はじめに

本書では「国語」の教科書をとりあげて、そこから「戦後六〇年」を照らし出してみたいと思う。教科書がどんなものか誰でもよく知っている。けれどその場合、私たちは自分がかつて使っていた（あるいは今使っている）教科書によって教科書一般をイメージしているのかもしれない。そのとき死角となるのは、戦後という時間が推移するにしたがって教科書が大きく変化してきたこと、その歴史性である。本書では、この死角に回り込んでみたいと思う。そこにはいったいどんな風景が見えるのか。

大ざっぱに、その上大げさにいうなら、これはひとつの戦後史の試みである。だが、どのような性格の戦後史かというと、いくぶん説明しにくい。学校教科としての国語は、ある時期から基本的に言語の教育として定義されるようになった。にもかかわらず、国語はいつでもその定義からあふれ出している。ニュートラルに言葉を学ぶときでさえ、言語が言語である以上、教材になった文章は意味をもってしまうし、是非はともかく無意味な文が教材となった場合であっても、別のレベルでそれは脱意味化というひとつの価値を社会と未来に向かって押しだす発話行為として積極的に機能することもありうるだろう。

戦後の国語教科書は、各時代が生みだし押しだそうとした理念や、教育制度や、その背景をなす政治動向や、その他さまざまなレベルの意味の領域に一挙に関わり、関わりながら変化していった。それゆえ、この戦後史の試みは、いくぶんかは文学史であり、また文学史自体が変化していくその歴史であり、時代的理念の形成史でもあり、また教育制度史でも、主体のモデルチェンジの歴史でもあり、そのほかにも多様な領域の歴史的変化に対する関心を、少しずつ分けもつことになる。社会が変化し、教科書が変化するにしたがって、本書の扱うべき領域と問題系も移動する。

終戦からしばらくの間、高校国語教科書には、膨大な文学教育の教材が収められていた。当時、文学の言葉は、民主化や世界普遍性、人間性といった一連の戦後的な理念を代弁することができたためである。それゆえ同時に文学の歴史もまたこの時期には、近代市民社会を最終目標とした目的論的な歴史の代替物として機能していた。しかし、やがてこうした普遍主義的な理念や歴史モデルは後退し、これにかわって浮上した国家や個人という観念が教科書の語りを統括する基礎単位として機能するようになる。こうした動きに焦点化するなら、文学史が時代とともに変化していった歴史が見えてくる。そして、文学史的な言説がやがて退場するに至る経緯もまた見えてくる。

六〇年代の高度成長期になると、教育が経済に接合され、教育の位置付けそのもの、教育を語る言葉そのものが総体として入れかえられる。そのとき戦後的理念を代弁した文学の言葉も国語教科書から退場していくことになることだろう。

国語の教科書は、教科書それ自体がひとつの歴史イメージをあたえる媒体でもあった。六〇・七〇年代の国語科には「現代国語」という科目が設置され、三年生までの各学年で必修となっていた。これはもっぱら近代以後の文章のみを扱う科目である。この「現代国語」と古典系の科目とを二つに大別する科目編制は、まさに伝統的なるものから身を引き剥がして工業化・近代化することをいとわない主体、という推奨モデルと不可分だった。しかし、八〇年代になると科目が再編され、古典と現代文が再び一冊の教科書に同居するようになる。経済大国として構造化される社会、あるいはグローバル化に対応して構造化される社会の中にあって、「近代」や「伝統的なるもの」の意味もまた大きく旋回することになる。

国語の教科書は、こうした変化を端的に可視化しているが、可視的というならば、八〇年代末に登場する大判のカラフルな教科書は、自由化・規制緩和といったネオリベラルな価値観点をまさしく端的に提示していたといえるだろう。むろん色や手触りはより根本的な変動の徴候であり、こうした教科書を手に取るべき主体たちも対応する形で想定され、しかるべく再成型されていくことになるのだ。その通路、そのプロセスの細部を、私たちは、できることならきっちりと意識化しておきたいと思う。

教材の内容も、科目の編制も、教科書の色や手触りも、それぞれを語るためにそれぞれ別の問題系の叙述によらなければならない。その意味で、本書の非統一それ自体から戦後社会の変容を読み取って理解していただければ幸いである。教材の内容のみを視座とすれば、そのかわり、教科書の色や口絵など別の実践系が見えなくなる。教育制度史を視座とすると、言語意識の再定義といった問題系を見落とすことだろう。私たちはいつもそのようにして結局たくさんの問題を取り逃がすのだが、できることなら重要なのは何であるかを見極める力を持ちたいと思うのだ。

学校での国語の時間は、どこか冗長だったように思う。国語は教室や教科書ではじめて習うものではない。ひかえめにいっても、国語の時間に習う内容は、普段の日常会話なり読書なりから習得する知識のうちのごく一部でしかない。記憶のかぎりで言うと、普通の生徒は国語の試験勉強などしていなかった。では学校教科としての国語科の存在理由とはいったい何なのか。おそらく国語は、言語的主体と社会との関係を公的に定義するものだったと思う。あくまで公式的に、である。そうではない通路をくぐった関係はいつでも可能であり、それが逆に公的なものに再定義をせまることもまたいつでもありうる。

ただし、教科書の広範な影響力、公的定義の影響力を軽視することはできない。学校教科としての国語は、国家語という意味での「国語」を定義してきた。自分の言葉を「国語」として再認するために、国語はやはり社会統合の要として象徴的な意味をもったことだろう。それは、明白なのに見えにくいものの問題に関わっている。国語教科書から社会の変容を照らし出そうという企図には、そこに分け入るための入り口を見出したいというねらいも含まれている。

目次

第一章　「文学」という理念——戦後初期その1

1　文学という理念

文学教育全盛の時代

一九五二年に使用開始となる高校国語教科書『新国語（改訂版）文学三』の冒頭には、「Ⅰ　世界への窓」という単元が置かれている。この後に続くのは「Ⅱ　小説の特質」「Ⅲ　評論の精神」「Ⅳ　東西の文学」「Ⅴ　芸術の世界」「Ⅵ　文学の本質」といった単元だが、こうした単元タイトルから読み取れるのは、この教科書が全面的に文学教育の教科書だったということだ。『新国語　文学』はまさに題名通りである。そして、この一冊を方向付けるようにして冒頭に置かれているのが「世界への窓」だった。戦後初期の公教育が定義した「文学」は、世界性・普遍性を志向する壮大な観念だった。

「単元」を立てて教材を編集するやり方は、戦後初期にスタートしたばかりの新しい方法論である。戦前の国定教科書にかわって検定制度が定められ、民間の教科書会社が教科書マーケットに参入するが、単元を立てる編集方法はこのとき導入された。民間会社の教科書が登場する前、しばらくの間は文部省著作教科書が使われていたが、これはただ教材を並べ、素材自身に語らせるというやり方で、体裁としてはきわめて無愛想なものだった。戦後教科書の自由競争市場は、その点でさまざまな工夫と挑戦を生んだといっていい。もちろん、教育が巨大マーケットとして意識されるようになるのは昭和三〇年代に高校進学率が急速に上昇してからのことである。市場という意識が導入されるや教科書疑惑が話題となったし、さらに現在進行中のネオリベラルな「改革」の文脈において、教科書のみならず教育そのものが「サービス」として、つまりは売り買いできるものとして理解されるようになると、教育を支える平等と公共性の理念そのものが掘り崩されることにもなるのだが、それは国語教科書の戦後をたどるこの書の最後に改めて問題にしよう。ともかく、戦後初期の段階で単元という発想が導入されると、教科書編者はみずからの理想・理念を単元構成によって表現することができるようになり、その理念の下にしかるべく教材を選択し配置することができるようになった。単元を立てる方法において、教科書はきわめて雄弁に理想を語ることができた。

三省堂の『新国語』という教科書は、この時期、二分冊形式をとっていた。「言語生活そのものを陶冶する分科」と「文学を中心とした一般文化教養を目的とする分科」の二つを確立するために、それぞれの目的を『新国語　ことばの生活』『新国語　われらの読書』の二分冊に割り振った（一九四九年検定、翌年使用開始。以下は特別の場合を除いて検定年のみ表記する）。これがさらに改訂され（五一年）、それぞれ『新国語　言語』、『新国語　文学』に変わった。二分冊形式はその後、一九五七年に『新国語　総合』へと統合され、以後はあとを絶つ。三省堂では二分冊の『新国語』と並行して、一冊本の『高等国語』も発行していた。理念や制度のみならず、教科書という現場使用の物のレベルでも、戦後教育はさまざまな可能性を探っていた。

さて、改訂前の『新国語　われらの読書』が『新国語　文学』に変わり、文学的な教材が中心に置かれるようになった。この時点で読書イコール文学の読書となったのだが、これはもちろん自明ではない。学校教科としての国語がただちに文学教育を意味していたのはこの時期独特の現象である。八〇年代の学習指導要領は国語科について「言語の教育としての立場」を打ち出しており、それ以前の六〇年代、七〇年代の教科書においても、自然科学やメディアに関する評論など、多様なテーマを扱った教材が並んでいる。一九八〇年前後に高校に通った筆者にとっても、国語の教科書はそうしたものだった。戦後初期の文学攻勢はまさしく圧倒的である。もちろん

『言語』分冊との間で役割分担がなされたためだが、だからこそ、この教科書においては文学が何はばかることなく全面化できた。

ここに教材として並んでいるのは詩や小説などの作品ばかりではない。なによりここには「文学」そのもの、つまり個々の文学作品を価値付け、それらを文学たらしめている信念の体系としての「文学」なるものが呈示されている。具体的には、文学史や文学理論、文学評論など、文学それ自体に言及する言説、メタ文学的言説が、教材として満載されている。

「文学」と「世界」

この時期の国語教科書からは戦後初期の社会がいかに文学に高い価値を与えていたかがうかがわれる。この場合の「文学」は、現在のそれと同じものとはいえない。あるいは「文学」をめぐる信念の体系、あるいは実践系の総体が、現在とは異質なのだ。では、それはどのような信念だったのだろうか。

まず、冒頭の単元名として掲げられた「世界への窓」という語の象徴性を解読してみよう。戦後初期の公教育のなかで「文学」は、世界性、人間性といった一連の普遍主義的な言葉と結びついた崇高な観念であり、つまり私的な趣味・娯楽の一つというわけではなかった。この「文学」は六〇年代以後のそれとは同音異義語だといっていい。

『新国語　文学』には、各単元がどんな趣旨で立てられたか、それぞれ何を目標とするのかを示す「単元要旨一覧表」が、最初に掲げられている。「I　世界への窓」の単元要旨には次のような理念が示された。

> 国家があり、民族があります。その文化はそれ〴〵独自な精神と姿とを持っています。しかし、独自ということは、その中に閉じこもってしまうことではありません。それぞれ《ママ》の特色を発揮しつゝ、世界へ、人類へと伸びて行かねばなりません。個人が、地域的社会や国家に順応し制約されながら、その社会性を通じてこそ世界性に参与できるところにデモクラシーの精神があると同時に、文化は、特に文学は、個人が内に向かっても外に向かっても開かれており、その開かれている個人の自由をお互に尊重しあう社会性によって、世界・人類の上に成立する基盤を持っています。これをヒューマニズムといってもさしつかえないでしょう。本質的な存在となろうとすることが、あらゆるものの基礎です。

「世界」「人類」とともに、「デモクラシー」や「ヒューマニズム」といった語をちりばめて、個人という極小の単位は、普遍的な人間性（ヒューマニティ）を分けもつことによって世界人類という極大の単位に連なりうる、という論理を提示している。戦前の国民にとっての全体である国家・民族という枠組を相対化するこの論理を可能にしているのが「世界」というイメージだ。「デモクラシー」すなわち世界性に参与する精神というこの説明は、いくぶん唐突な印象を与える。が、民主主義による世界性の獲得という視点は、多国籍企業の論理ではないようなもうひとつのグローバリゼーション＝世界化の可能性に向けた発想転換をうながすかもしれず、また民主主義それじたいの再定義についても、国民ならざる個を基礎とする視点、その個を世界へと接続する論理は、思考の通路として一定の魅力をもつ。少なくとも「デモクラシー」は代議制や多数決による意志決定といった形式民主主義の制度だけを意味していなかった。多少唐突な定義であっても、戦後の初発時点の民主主義は手続きではなく思想として提示されていたことがわかる。真の民主主義革命を可能にするのは制度以前の精神の形だというメッセージが教科書を媒体として広範に広がっていた。「戦後民主主義」が冷笑的に語られるようになるのはまだ後のことである。

個人は社会や国家を通じて世界に参与する。この普遍主義的な理念のもとに、国語教科書は個人がどのような主体となるべきかを語っていた。当時の「文学」は主体形成の水路であり、つまり文学それ自体を目的とする文学ではない。逆説的なことだが、それゆえにこそこの時期の教科書は徹底的な文学教育を行うことができた。各時期の社会において文学がしめる価値比重を考えるとき、この逆説にしばしば出会う。文学が他のなんらかの目的をもっているとき、文学は社会的に重視される。逆に文学が文学そのものを目的とし、その自律性を主張するとき、文学は自らを自らの内に閉じこめる。

『新国語　文学』は、最終学年のほぼ最後の単元で「心の問題としての文学そのものが、人間のあらゆる営みの奥底にあることは、もうわかっているはずです」と駄目押しぎみに語るのだが、ここで語られる「文学」とはあれこれの作品やその集積を意味するものではない。人間精神の普遍性は文学によって証明されるのだし、人間である以上だれしも心に文学を秘めている。

世界の文学へ。なんという困難な道でしょう。しかし、呆然自失してはなりません。不可能ではないのです。人種が違っても人間としては本質的な通じ合いを持っているように、文学も、特殊な制約や障碍を乗り越えてわかりあえるものです。これだけは信じなければなりません。文学こそ人間の心の問題だからです。（Ⅳ　東西の文学）

いよ〳〵、最後の単元に来ました。すべてをまとめて、さらに将来への基礎にしなければならない時です。文学とは何か。最初から、ばくぜんとは求めていた問題です。われわれの生活に即して、感じ、考え、読み、味わい、研究して来たわけです。たくさんの問題がまつわりついていたはずです。いくらかはっきりして来たかもしれません。あるいは、いっそうわからなくなって来たかもしれません。しかし、それでいいのです。たしかに成長して来ました。自分でも考え、ほかに聞いてみましょう。道はこれから開けて来るのです。（Ⅵ　文学の本質）

文学＝人間精神の本質に到達する道のりは遠く困難だが迷うことはない、文学は普遍性への通路なのだ。こうして、高校生徒たちの主体性を、それまでの国家主義から民主主義へと方向転換させるべく導入されたキーワードが普遍的人間性だった。普遍的人間性の理念は「これだけは信じなければなりません」という最低綱領である。「われわれ」の主体性は国境にぶつかるとそこで立ち止まってしまうようなものであってはならないのだが、その普遍性の宿る場が世界の文学作品だった。「個人」という極小の単位と「世界」という極大の単位を媒介する回路となるのが、普遍的人間性に支えられた文学である。これは高校三年生の最後の単元のねらいだが、では、こうした総まとめに至るまえの一年、二年の単元を見ておこう。

学年ごとのメッセージ

まず、『新国語（改訂版）文学一』の冒頭、「Ⅰ　新しい道」の単元要旨は以下のように書かれていた。

国語科では文学をなんのために学習するのでしょうか。また、文学の学習にとって最初に最もたいせつなのは何でしょうか。こゝではまずそれらのことに目を開きたい。文学の根底には、自我にめざめようとする自由な個人がなければならない。生活に対する真摯な意欲があってこそ、自己を豊かにすることもできれば、純粋にすることもでき、あるいはまた、生活を合理化することもできます。文学に限ったことではありませんが、魂の自由を尊ぶ文学にとっては、このことが特に重大な意味をもっています。今学年を通じて、この心構えに立ちたいと思います。日々に、新しい自己をつくろうとする意欲を持って人生に立ち向かうことから始めましょう。

こうして、まず一年生は、「自由な個人」となることを最初の「心構え」として掲げ、以下の単元では、「Ⅱ　詩」「Ⅲ　短編小説」「Ⅳ　日記と随筆」「Ⅴ　伝記」「Ⅵ　映画と演劇」と、文学・芸術の諸ジャンルを軸に教材が編制されている。ここでも、各ジャンルに属す作品が並べられるだけでなく、「文学の中で最もきっすいなものが詩だといわれています」「長編小説に比べれば、短編小説はまるで珠玉のようなものです」「日記や随筆は、全部が全部文学の作品というわけにはいきませんが、どのような作品でも文学的要素があるものです」「映画や演劇はそれぐ〳〵一つの芸術形式です」等々で始まる、丁寧なジャンルの解説がついている。各ジャンルには固有の特質があり、しかしどのジャンルも「魂の自由を尊ぶ文学」に属し、それゆえ個人の確立のための水路たり得ているのだ。

二年生の教科書、『新国語（改訂版）文学二』の冒頭の単元は、「I　民主的社会へ」と題されている。一年の「個人」に次いで提示されるのは、「社会」という主体性の枠組みである。

個人は自由な一個ではありますが、また社会的、歴史的存在でもあります。われ〳〵がよりよい社会を作るためには、横には他人を自分と同じように尊重することを知らねばなりませんし、縦には今日のわれ〳〵を作ってくれた先人をふり返ってみることを学ばねばなりません。社会的連帯と歴史的必然、個人はこの中に住んでいます。文学が現実を具体的な形象として感じたり考えたりするものである以上、根底において、人を自分のように感じ、過去を現在のように考える力が要求されているのも当然でしょう。その上、文学自身にとっても、これが歴史的社会意識の一形態であるからには、そのような学び方が現在の文学にとって必要なことになります。これはそのまゝ、現在の民主的社会を作りあげる根本的な心情に通ずるではありませんか。

こうして「個人」は、孤立した抽象的な個人ではなく特定の「社会」「歴史」のなかに住み、その文脈に規定される存在とされる。自由なる個人たることを目標とした一年目ではジャンル論、様式論の平面において文学が語られていたが、二年生になると「社会的」「歴史的」な文学のあり方が強調され、そこで「Ⅱ　説話」「Ⅲ　和歌と俳句」「Ⅳ　近代詩」「Ⅴ　長編小説」「Ⅵ　古典と現代」という単元が並べられている。さらに三年生で、個人は社会を通して世界に通じる、というメッセージが掲げられ、高校の全課程を修了。全体像を描いたうえで各学年ごとのカリキュラムが作られていたのだ。先にも見たように、『新国語（改訂版）文学三』は、冒頭の「Ⅰ　世界への窓」以下、「Ⅱ　小説の特質」「Ⅲ　評論の精神」のほか、「Ⅳ　東西の文学」「Ⅴ　芸術の世界」「Ⅵ　文学の本質」といった普遍的、本質的な単元名でまとめに入ろうとしている。

以上のように、戦後初期の国語教科書は、世界普遍の人間性、民主主義、近代的主体＝自由なる個人の確立などと要約される戦後啓蒙の理念を、ほぼ完璧に共有している。国語の時間はこうした知識人向けの言葉と高校生とをつなぐ回路となっていた。教科書のみならず、この時期にはおびただしい文学入門書が刊行されたが、その多くはやはりこうした固有の内面をもった近代的主体の輪郭を文学を通して語るものだった。国語教科書を含めて、文学的言説という回路なくして、近代的主体という知識人的言説は一定以上の広がりを持つのは困難だっただろうし、文学の方でもこうした言説と結び付くことによって一種の社会参与が可能となっていた。この絆が断たれたとき、つまり「文学の自律性」が確保されたとき、皮肉なことに文学の発言力、影響力は低下した。仮に他と明白に区別される文学言語の同一性を想定するとしても、その同一性は常に他のどの領域と境界を接するかによって定義し直されてきたのだし、したがって決してそれ自体として自律的に決定されていたわけではない。

2 近代文学と言語技術教育

教科書の変遷

敗戦の年の一二月、小学校（戦時下では国民学校と称していた）の子どもたちは国定教科書の多くの部分を墨でぬりつぶすよう指示された。子どもにとってショッキングな作業だったことだろう。戦争中の教科書は敗戦と同時に役割を終えたわけではなく、こうした形で戦後教育の始まりにも使用されていた。教育の空白期を作るわけにはいかなかったためだ。翌一九四六年にもいまだ戦後体制は安定せず、このとき発行された暫定教科書は、教科内容の印刷された大きな紙を自分で切り離し、折って綴じるという粗末なものだった。敗戦直後の教育現場はまさに混乱の中にあったが、ともかく一九四七年四月から新学制が実施され、六・三・三・四、男女共学、単線型の教育制度がスタートしている。教科書検定制度もこの時に発足した。もっとも当初は民間の教科書ではなく文部省著作教科書が使用され、その翌年に教科用図書検定規則、教科用図書検定調査会ができ、一九四九年度から使用される教科書の検定が行われた。この時、教科書発行会社は一一社、そのうち高等学校の教科書をあつかった会社は、教育図書、三省堂、秀英出版、成城国文学会の四社だった。一九五〇年の時点で、高校に進学する生徒の割合は四二・五％（男子四八・〇％、女子三六・七％）で、半数以上が中学までで学歴を終えている。教科書が有望なマーケットとして認識され、売り込み競争が激化するのは昭和三〇年代に入ってからのことである。

戦後最初期の高校国語教科書には、文学を学ぶことの歴史的・社会的な意義がきわめて情熱的な調子で語られていた。小説や詩などの文学作品を並べただけでなく、文学史はもちろん、写実主義や自然主義、ロマン主義、象徴主義など文学思潮の解説、長編小説、短編小説、詩など各文学ジャンルに固有の特性を説明した文学理論、批評用語の解説など、文学そのものについて語るメタ文学的言説におびただしいページが割かれており、ずっと後の一九八〇年前後の国語教科書で育った筆者は、まず第一にこの圧倒的な文学攻勢にたじろいだものである。たじろぎつつも、当時の高校三年分に目を通してみると、ひととおりの文学的教養が身についたような気がしてならない。

当時の公教育は文学を眩しいまでにライトアップしていたが、しかし、その目的は文学教育それ自体にあったわけではない。当時、「文化国家」を目指してスタートした社会は、文学教育に対し戦後日本の再建に向けての多大な期待を寄せた。この時期の文学が大きく輝いて見えるのは、その社会的な意欲に縁取られてのことだった。

台頭する近代文学

憲法の施行と同年に誕生した教育基本法は、国家への忠誠を求めた教育勅語に代わるものと位置付けられている。憲法とならんで教育基本法には立法の精神を掲げた前文がついているが、そこには「われらは、個人の尊厳を重んじ、真理と平和を希求する人間の育成を期するとともに、普遍的にしてしかも個性ゆたかな文化の創造をめざす教育を普及徹底しなければならない」と銘記されている。「個人の尊厳」「普遍的にしてしかも個性ゆたかな文化」とは教育勅語の国家主義に代わる重要な理念だった。しかしながら「真理」や「普遍」という言葉はあまりに抽象的であり、そこになんらかの具体的なイメージを与える必要があった。戦後最初期のこの時期に、文学は「社会の教師」と呼ばれ突然社会の表舞台に引き出されたのだが、なかでも特別な意味を付与されたのが「近代文学」である。明治以来の近代化が戦争によっていったん挫折したため、戦後の教育には近代化の再スタートという社会的目標が込められた。その文脈で「近代」の文学に注目が集まったものと考えられる。文学とは普遍的人間性の表現であり、近代文学とは近代精神の模型図であるという認識が強調されていた。明治期・大正期に書かれた個々の作品がほんとうに「近代精神」の表現だったかどうかはともかく、こうした一連の課題が教育の場に近代文学を出頭させたのである。

戦時期の教科書においては「万葉集」「古事記」などの古典が日本文学の源流として文化的ヒ

エラルキーの頂上におかれていた。その場合、近代小説などは、源流たる古典へとさかのぼるためのいわば足慣らしにすぎない。が、戦後になるとその序列が逆転して、初等・中等教育の国語教科書を近代の文章がうずめることになった。以前の教科書で育った世代の大人たちの目に、この点で戦後教科書は驚くべきものと映った。

戦時下の日本では、文明開化＝近代化を全否定した日本浪曼派が古典文学を賞揚し、「万葉集」の防人の歌が戦争イデオロギーとして動員された。そのためある良心的な古典文学研究者は、敗戦を境に、もう古典を読むまいと自分に言い聞かせようとしたとさえ書いている。文学が戦時イデオロギーにもなりうることを身をもって体験した当時の知識人は、文学作品の持つ政治性を軽視しなかったのだ。明治以後の近代化は不完全だったため、日本社会にはいまだおびただしく「封建的」なものが残存しており、それが根本的な原因となって軍部の暴走を許すことになったという認識のもとに、文学の場でもまた明治以後の近代文学が近代精神の覚醒および挫折の舞台として再認されるようになった。

戦前社会から自らをはっきりと切断し、その上で全く新しい地点からスタートを切るというのが戦後教育の基本的なイメージである。だが、実状として、教科書の教材は過去の時代の知識の在庫のなかからしかるべきものをセレクトしなければならない。評論などは戦後に発表されたものが使われたが、少なくとも文学作品については、すでに戦前期の教科書に掲載され文部省推奨の文豪とされた作家たち、島崎藤村や夏目漱石、森鷗外などの作品が中心となる。もちろんこうした作家の文章を使う場合も、戦後意識に適合した文脈を作り出すために、さまざまな解説文が準備されたのだが、その作業はいつも成功していたわけではない。

たとえば、夏目漱石の場合、存命中すでに『吾輩は猫である』などが国語教材として使われていた。だが、教科書作家としての長い経歴にもかかわらず、戦後初期の教科書は漱石をどのように位置付けるべきかに多少とまどっていたように見える。無視するわけにも行かないが、戦後の文脈でどのように扱ったらいいのかまだはっきりしない文豪は、とりあえず文学史的な意味が問題になる文学教材ではなく、言語技術教材として使われた。そこには、ともかくも戦後的と言いうる方向付けがなされている。

民主主義と言論技術

民主主義の徹底・確保のために、なにより重要なのは言論の技術である。これを言語学習の基軸とした教科書のコンテクストに、漱石の作品もあらためて置き直された。たとえば、一九四九年検定の高校教科書『新国語　ことばの生活　三』は『虞美人草』の冒頭を収録しているが、単元タイトルは「話す心」となっている。「甲野さん」と「宗近君」、二人の登場人物が「あいきょう」について話しながら山登りをする場面で、きつい山路に疲れた「甲野さん」はもう動きたくない。


「きみはあいきょうのない男だね。」

「きみはあいきょうの定義を知っているかい。」

「なんのかのと言って、一分でもよけいに動かずにいようという算段だな。けしからん男だ。」

「あいきょうというのはね。——自分より強い者をたおす柔らかい武器だよ。」

「それじゃ、ぶあいそうは、自分より弱い者をこき使う鋭利なる武器だろう。」


こうしたやりとりを中心とした本文の後に、「研究」というコーナーが置かれている。これも戦後の検定教科書制度のもとでなされた民間教科書会社の開発の所産だ。本文の前のリード文のほか、こうした部分で教材に込めた意図が示され方向付けがなされる。この教材については、二人の会話のおもしろさはどういう点からきているか、こうした談話の態度は他の一般的な場合にも好ましいといえるか、甲野さんの「あいきょう」の論理をたどってみよう、談話におけるあいきょうについて話し合ってみよう、などの設問が付けられている。この教材に込められた意図は、漱石作品を深く読み味わう、といった文学的なものではない。ここには「あいきょう」というより言論そのものが「自分より強い者をたおす柔らかい武器」たるべきだという象徴的な意味が込められているが、「言語」分冊に配置された漱石作品は、談話技術教材として言論社会を下支えすべく期待された民主主義の教材だったのだ。漱石の卓抜な話術によって、おもしろみと愛嬌、そして独白ではなく相手のいる談話を例示し、これを通して公共的な言論の力の獲得が目指されていたのである。

つまりこの場合の「漱石」は、「日本でほぼ唯一の近代作家」でも、「東西文明評論家」でもなく、卓越した言葉の使い手、である。このほか、『硝子戸の中』の一部が「人を紹介する」ときの話し方の教材となり、また『野分』が演説の教材となった。「演説」という言葉のジャンルは、民主主義の確保というこの時期固有の目標のもとにことのほか重視されている。『高等国語（改訂版）三上』（五二年）には、「演説と司会」という単元が設定され、福沢諭吉の「演説の法を勧むるの説」とともに、漱石の小説『野分』が教材化されている。世俗に容れられない不遇な哲学者・白井道也が「現代の青年に告ぐ」という題で演説を行う場面だが、この単元のねらいを説明したリードを次に引こう。

若い人々の前途は希望に満ちていると同時に、それがなまやさしい道でないことも、諸君の日常に身にしみていることであろう。どのようにして、これらの困難に負けずに、これにうち勝ち、着実な前進を続けることができるであろう。

その根本は何にあるか。それは民主主義の徹底であり、確保である。その根本はどこに保障されるであろう。それは明治の先覚者福沢諭吉が示している。おのれの正しいと信ずるところを、納得のいくよう組み立てて、多数の人に訴えることに勇敢であることだ。夏目漱石はこれを「野分」の白井道也先生においてうち立てた。（後略）

『野分』から演説を学ぶ

戦後教科書には福沢諭吉や夏目漱石の文章が無言で並んでいたわけではない。こうして熱気のこもった方向付けがなされ、そのあと教材本体として漱石の『野分』がくるわけだ。さて、この教材の主人公・白井道也は大学を卒業して田舎の学校に職を得たが、「金力と権力」が露骨に幅を利かせる習俗に抗して、教師の地位を追われること三度、現在はしがない雑誌記者となっているが、そのかたわら超然として「人格論」なる著述に没頭していた。一九〇七年、日露戦争後の世相のなか、ストライキ扇動の嫌疑で警察に引っぱられた同僚の救援のため演説会に向かおうとする彼を、妻は社会主義者とまちがわれるからと言って止める。しかし彼は、正しいことは正しい、いまは徳川の時代じゃないと突っ放し、風のなかを会場に急ぐのだった。……といった調子であらすじが紹介され、教材は「風の中の演説会」と題されている。

道也の主張は、金持ちはむやみに「偉がる」が、「金以上の趣味とか文学とか人生とか社会とかという問題に関しては金持ちの方が学者に恐れ入ってこなければならん」というものであるらしい。教材は、彼の演説が聴衆のヤジや喝采を絡めながら進行するところを抄録している。

「あわせはひとえのために存在するのですか、綿入れのために存在するのですか、またはあわせ自身のために存在するのですか。」と言って、一応聴衆を見まわした。笑うにはあまり、奇警である。慎むにはあまりひょうきんである。聴衆は迷うた。

「むずかしい問題じゃ、わたしにもわからん。」と澄ました顔で言ってしまう。聴衆はまた笑った。

「それはわからんでも、さしつかえない。しかしわれわれはなんのために存在しているか？これは知らなくてはならん。……」

演説者の失策を待ち構えるごとき聴衆を煙にまきながら演説者は次第に自分のペースをつくっていく。そして場の空気を好意的なものに変えていく。「いくら金があっても病気の時には医者に降参しなければなるまい。金貨を煎じて飲むわけにはいかない……」「十万坪の別荘を東西南北に建てたから天下の学者をへこましたと思うのは淩雲閣（注：浅草公園にあった一二階の煉瓦造りの建物）を作ったから仙人が恐れ入ったろうと考えるようなものだ……」など、突飛なたとえを多用した演説である。経済力が幅を利かせる世の中だが、医者や学者はそれぞれ固有の分野において不可侵の権威なのだから、その人格と社会的な意義を尊敬されてしかるべきだと演説者は主張する。医者・学者はあたかも経済力と無縁であるかのごとき言い分であるが、しかし誰より演台に立つ当人が貧乏な学者の実例であるから、とりあえず彼には説得力がある。

フィクションの登場人物である白井道也は借金取りに追われ、妻には軽蔑される気の毒な学者である。漱石の作品には『三四郎』の広田先生や『行人』の長野一郎など、隠れたる学者や世間と家族に理解されない学者が多い。『こゝろ』の「先生」もまた世に隠れた学者の風情である。俗悪な世間に対する世俗を超越した学者、という構図は漱石の作品にはしばしば見られるものだ。作家以前の漱石が英文学者だったためだが、漱石自身は日本人としてはじめて帝国大学で講義を行った英文学の権威に他ならず、その社会的ステータスはきわめて高い。だがそうした地位にある人々がえてして象徴的資本が経済的資本に反映されうることを認めたがらないように、漱石もまた学者イコール不遇というイメージを好んだようである。もっとも多様な価値尺度が経済力へと一元化される傾きのある現代社会において、学者への敬意はともかくとして学問への敬意はさらに涵養されていいのは事実かもしれない。

現代とどこが違うか

八〇年代以降の学習指導要領は、文学作品の「読解」を重視する方針をあらため、国語科を「言語の教育としての立場」として位置付けた。さらに現在の国語科は「読むこと」よりも「話すこと」「聞くこと」という音声言語教育を優先するに至った。これについては文学はもう不要なのか、国語は言語技術にすぎないのか等々の論議もあった。しかしながらこうした演説教材を見ると、言語技術を重視する発想は現在の教育改革の創始によるものではないことがわかる。戦後出発期にも「話すこと」はやはり国語科の重点項目のひとつだった。だが注意すべきなのは、同じ「話すこと」であっても、それが配置される地平は現在と全く違うということだ。戦後初期の国語の課題は、民主主義の徹底・確保であり、それを支える言論の力の養成なのである。この目標は、競争の時代に勝ち残るべく自分をプレゼンテーションする能力を養成しなければならないというプライベートな目標と対照的である。伝達能力の育成という目的は文字通りには「同じ」であるが、戦後半世紀の間に教育そのものの意味付けが大きく旋回した。公共性と社会性に結びつけられていた教育は、やがて六〇年代の教育大衆化時代に個々人の「進路」へと結びかえられる。かつて民主主義の確保を基盤としていた教育は、現在、多様な選択肢を顧客にアピールする教育サービスとして表象され、民主社会の未来を支えるべき若者ではなく、費用対効果を計算する個々の消費者が主体となる市場主義の光景に変わろうとしている。

過去の言説編制を振り返るのは楽しい。そこには別様の選択肢が思い浮かばないくらいに自明となっている現在の発想を、歴史的に相対化し異化する効果がある。六〇年代以前の国語教科書においては、高校生の未来が社会の民主化に結びつけられていた。教育を語る言葉は、生徒の個人心理や進路というプライベートな領域にではなく、よき社会という公共性の領域に属していたのである。

公共性という課題

この教材の後には参考として「演説の心得」という文が置かれている。

演説は、政治家や社会運動家だけの専売ではない。かれらの専売にしておくようでは、その社会は民主社会として健全とはいえないのである。公衆の前で、自己の意見を堂々と順序よく、その場の条件を考え合わせて主張することは、学問を生かすことであり、これが生きた学問である。

演壇は、どのような意見に対しても開放されているのだとこの教材は言う。それが民主社会の必要条件だが、すると課題は言論の技術となるだろう。以下には演説の技巧が項目化されている。

「人を見て法を説くといわれているように、聞き手の性質（市民か農民か、主婦か学生か、疲れているかどうか等々）によってことばづかいや態度に幅を持たせる。」

「音声を鍛えておくこと。特別に演説のためとこだわらずに、歌をうたったりしておけばいい。」

「目をどこに置くかでも同じ、といって、きょろきょろするのは見苦しい。おじぎがすんだら、演壇の手前から、会場全体を8字形に、ゆるく視線を移しながらするのが穏やかである。」

「水を飲むのは、よほど習練を積んだ人か、また聞き手が強い期待を持っている人などのほかは、なるべくしない方がよい。」

「やじについても、それが好意的か、悪意的か、発作的かによって、手ごころがあり、むずかしい。原則としては黙殺した方がよい。」

「姿勢について。福沢諭吉も手の置きどころに困り、苦心の結果、胸のところに組んでどうやら落ち着いたという話がある。実際処理に困るものである。ズボンのポケットに入れたり、おしりをなでたりしているのは避けたい。うしろに手を組むのは、聞き手を見下げた態度と見られるから注意すべきであろう。（後略）」

このように演説にあたっての注意事項は、ほほえましくも具体的である。ともかく民主主義への道は抽象的に語られていたわけではない。演説を「政治家や社会運動家だけの専売」にしておくようでは、その社会を健全なる民主社会と呼ぶことはできない。誰でもが公共的な場に姿を現し、その声を聞かれる必要がある。この単元はそう主張するのだ。

多数決＝形式民主主義ではなく、真の民主主義のために存在していた国語の時間。こうした熱意はいまや感動的であるし、この率直さが脱色されてしまった後の教科書の取り澄ました姿勢よりもこの過剰さは端的におもしろい。だがその上で、話すということそのものに焦点をしぼった戦後初期の教材が、それによって実現すべき民主社会の参加者を、そして参加資格をどのようにイメージしていたのかを問う必要がいまはある。戦後民主主義の優等生的メッセージに問題がないわけではない。

「公衆の前で、自己の意見を堂々と順序よく、その場の条件を考え合わせて主張すること」。デモクラシーは「話すということ」（ピエール・ブルデュー）をめぐってイメージされているのだが、公式の場に登壇し、正しく話すことができる能力とは、教育と環境によって習得されるひとつの社会的な資源だ。この資源に恵まれた人は自らの考えを人々に聞かせることができ、それを実現する能力をもつ。場合によっては他人に自らの考えを押しつけることさえ可能となる。が、その資源に乏しい人、つまり話すということに気後れを感じ口ごもってしまうような人々も当然ながら存在している。こうした人々の声は、聞く必要がないわけではない。むしろ聞き取られることのない声の内にこそ、しばしばより切実な問題が潜伏しているともいえる。にもかかわらず、この正しいデモクラシーの定義はその声をすくい上げることはない。形式的には誰もが自分の声で語る資格をもつが、現実には話すことをめぐる資源は不平等に配分されている。この落差によって、平等であるはずの公共空間がしばしば不平等かつ抑圧的な空間に転じもするのだ。するとデモクラシーの徹底・確保のためには、話すことのみならず、耳を傾ける力が必要であり、それを欠くなら社会の表層には同じように正しく話す人しか現れることができなくなるだろう。そして、支配的な声を問い返す少数派の声、他なる声を聞きとることができなくなる。『野分』からの演説教材は、この意味でエリート民主主義のきらいがないでもない。

3　個人はどのような主体であるべきか

ただし、国語の時間の民主主義論は言論技術を競う場面にのみ関わっていたわけではなく、なにより個人の内面に関わるものとして定義された。「個人の尊厳を重んじ」「普遍的にしてしかも個性ゆたかな文化の創造をめざす教育」の普及徹底をめざすという教育基本法の理念は、国語教科書において、個人は世界・人類の普遍性に参与する、あるいは文化は特殊なものにとどまらず普遍的なものに到達しなければならないという語りに置き換えられた。この時期の国語教科書はこのマスター・ナラティブをほぼ完全に共有している。個はどのような理念の下に主体となるのか、その方向を与える語りが国語の教科書には満載されていた。

個人から世界へ

成城国文学会発行の『現代国語』（四九年）の冒頭には「『現代国語』を学ぶために」という文が置かれている（この「現代国語」は、六〇・七〇年代の国語科に設置されていた科目名のことではなく、この教科書のタイトルである）。「われわれは理想と情熱をもってこの本をつくりました」「この本を学ぶことによって、広く世界への心の窓をひらき、人類の進歩と世界の平和に役立つ人となられることを念願してやみません」。

「世界」「人類」という普遍主義的な理念が、この教科書では教材選択のレベルで具体化されている。一年用の教材、「新聞の文化的使命」（永島寛一「新聞の話」による）のテーマは、以下のように特定国家に規制されることのない「人間」の普遍的価値である。

個人が集まって構成されている社会、あるいは国家の利益をはかることはたいせつでありますが、社会あるいは国家の組織が複雑となり、それらの利益が交錯してくると、往々にして一般の人々は社会あるいは国家のことだけを考えて、その根本に人間があることを忘れてしまう傾向があります。ことに人間固有の権利を忘れ、無視し、踏みにじるような傾きがないとはいえません。

国家はあくまで人間の幸福のための便宜的手段にすぎない。そうである以上、本来の目的たる人類の利益や人権の尊重を忘れて、手段の方が膨張するのは本末転倒である。普遍的に価値あるものは「人間」であり、「国家」はあくまで特殊利益だとするこの文には、当時の教科書の言説編制、つまり個々の人間と国家の対概念を普遍と特殊という対概念に重ねる語りが明快に提示されている。戦時下で肥大した国家概念はこうした理念の配置の下で相対化された。

『現代国語』二年生用の教材、南原繁の講演「人格と社会」もまたこの語りを補強する。ここでは、個人と集団の組織機構との緊張感が指摘される。

われわれは今何をおいても、自由の人間個性と個性との結合たる社会の理念を回復することから始めねばならぬ。民主主義は、人間相互の内面的結合関係の裏づけなくして、決して維持し得られるものでなく、政治社会組織の改造には、必ずやこのことが並行、いな、先行しなければならぬ。しかるに、現在、民主主義革命の途上において、さらに新たな危険と脅威がないとは言えぬ。人々が社会組織と機構に対し過信するの結果、巨大な組織の力によって個性の自律を圧迫し、多衆はみずから自由の人格として思惟し主張する権利を放棄して、集団の力の前に追従する傾向がないであろうか。

戦後復興の成否は自由なる個人、その理性の権威にかかっている。「制度や組織はそれ（注：自由なる個人の理性的・倫理的な精神）を入れ、になうところの条件的価値に過ぎぬ」のだから、中身ではなく容器の方が膨張することに対しては警戒が必要なのだ。南原繁はしばしばフィヒテになぞらえられる愛国者だが、このように個人と理性を基軸とするリベラルな愛国者だった。

別の教科書を見てみよう。第1節で挙げた一九四九年検定の『新国語　われらの読書』は、各学年の教科書冒頭に全体的な緒言を置いていた。一年生用は「創造」と題して「まず個人が確立されなければならない」、二年生用は「社会への窓」の題で「個人は社会を通じて世界性に参与するのであるが、人それぐの職業や技術をもって、個人の生活を全うしうるのは、社会においてである」、三年生用は「世界への道」の題で「個人は個人を貫くことによって、その窓を内外に開く。開かれた窓は人々をつなぐ。社会を通じて、個人は世界に参与する」となっている。つまり、高校の各学年にそれぞれ「個人」「社会」「世界」という理念を割り振って、卒業までに順を追ってこの同心円を拡げ、普遍的な次元に到達するということになる。

理念が、三年間のカリキュラムを決定していたのである。この時期の教科書は一般的に、緒言や教材のリードなど、みずからのメッセージを述べるためにページを割いており、そしてそのメッセージの基軸には「個人」「世界」という語が置かれていた。「個人」は極小の普遍、「世界・人類」は極大の普遍であり、個は世界性につりささえられることで普遍的な主体＝人間となる。こうした理念配置によって、個人性の全体を国家へ服属せしめた戦時下の主体からの絶縁が果たされるわけだ。ただし、世界や人間という理念は抽象的にすぎ、したがって極小と極大との間を媒介する中間項をどのように語るかが問題となる。すでに見た「人格と社会」の南原繁は、愛国者ながらも戦前国家がそうであったように制度・組織が膨張することを強く警戒し、『新国語われらの読書』の緒言では、中間項の位置に国家ならぬ「社会」という言葉を選んでいる。こうした語の選択・配置には、戦時期の国家主義に対し距離をとろうとする意識が打ち出されていた。どれも一九四九年検定の教科書で、民間会社の検定教科書のもっとも早い時期のものである。南原繁の文に見られる「個性の自律」「みずから自由な人格として思惟し主張する権利」、その普遍的価値が、戦後最初期の国語教科書が描き出した主体のモデルを支えていた。

国民文学と世界文学

既に述べたように、民間会社の教科書の発行は新学制のスタートに間に合わず、この時期に使われたのは文部省著作教科書である。最初の文部省著作教科書には、各教材がきわめて無愛想な顔をして並んでいるだけで、前節に紹介したような壮大な緒言、あるいは編集意図を直接語った単元の趣旨やリード、あるいは学習の手引き等々は、その後に登場する民間会社の検定教科書の発意による。文部省著作教科書も、後年の版になると巻末にまとめて学習の手引き風の設問を付けるようになった。淡々と設問が並んでいるだけで、良くいえば抑制的、悪くいえばあいかわらず無愛想だが、それでも熱意あふれる民間教科書から逆影響を受けたものと思われる。しかし、民から官への逆影響、という方向がこの過渡期の特徴だったわけではない。文部省著作教科書が使った教材は、他の教科書に対し無言の規範として機能した。後発の民間教科書は、文部省の意図をくみ取って教材を選択し、さらにその意図をより明らかに示すべくさまざまな創意工夫を加えた。そして、それが再び文部省著作教科書の方へ影響したらしい。

文部省著作教科書『高等国語三上』（四八年検定・発行）の教材である土居光知の「国民的文学と世界的文学」は、しばしば他の教科書にも使用されている。この文章が頻繁に使われた理由は「国民的文学と世界的文学」というタイトルそのものにあった。第一に国民文学／世界文学という用語は、文学を理解するためのひとつの枠組みであり、この枠組みにおいて翻訳作品を含むさまざまな文学作品を一つの教科書に収めることができる。森鷗外とシェイクスピアとロマン・ロランが国語教科書という言説空間において並び合うという景観を可能にしたのが国民文学／世界文学という理解枠組みである。第二に、このタイトルは、国語教科書の総体が掲げていた目標、つまり、個人は社会・国家を通して世界性に参与するという抽象的な大目標に、具体的な文学作品をもって応答するものだった。このように土居の文は他の教材と同レベルの一教材であると同時に教科書全体を覆うひとつの理念の表象であり、また教材編集の原理というメタレベルの機能をも担っていたのである。

文部省著作教科書が選んだのは土居光知の文だが、民間会社の教科書では、これを規範としながら「世界文学」をめぐる評論のいくつかのバリエーションをもっていた。例えば三省堂『高等国語　三下』(五〇年)が採用したのは山室静「世界文学の問題」である。

山室静は「世界文学」という言葉を初めて使ったゲーテの思想について書いている。ゲーテは「地球全体が、一つの世界を形作」るに至った時代、「世界」が西欧から地球規模に拡大した時代の思想家だった。

偉大な詩人は、そうした気運の動きをすばやく感じて、「世界文学」という理念を形作った。それぞれの国の文学が、かっぱつに外なるものを受け入れ、自らのものを外に向かって放射しつゝ、共通の人間性という地盤の上に、一つの大きな、いわば交響楽的な世界文学という流れの中にまじりあうであろうという予想である。

あらゆるすぐれた文学は、すべて時代と民族の差を越えて、いずこにおいても、またいかなる時代においても、直ちに人間の胸を打ってくる。そしてそのことはまた、理解と愛において、そうした文学がすべての人々を結びつけることだ。

根底には「普遍的人間性への信念」があり、未来に向けては「統一的な一つの世界国家成立の可能性への夢」が描かれる。こうした「世界文学」とは、したがって個々の世界的傑作を意味するものでなく、それ自体として一つの観念であり思想である。それは「やがては普遍的な世界国家の共同市民にまでわれらを育てあげてくれるであろう」。つまり世界文学とは、共通の人間性を確認し、そこから世界国家の市民という主体を想像する場なのである。では、普遍性への通路である個々の具体的な作品はどのように扱われたのだろうか。

名著「世界文学」を書いたモールトンは、「イーリアス」「オデュッセイ」とソフォクレスらのギリシア悲劇、聖書、ダンテ、シェークスピア、ゲーテの「ファウスト」、その他コルネイユ、モリエールらのフランス古典劇、「アンナ＝カレーニナ」「戦争と平和」などの近代小説を、世界文学的作品として数えあげていた。……しかし、世界文学の問題が、世界の文学の総体を取りあげることでないと同様、それは単にそうした個々の世界的傑作を取り出して論ずることでもないであろう。（こゝに取り出された世界文学が、もっぱら西洋的であることを言わぬにしても。）われ〳〵はもっと全体的、統一的に、それも発展的にとらえねばならないであろう。

山室静は、イギリスの評論家モールトンに依拠して具体的作品名を挙げているが、これらはあくまで任意の通路である。世界文学とは、普遍性と世界市民の想像力を本質とするそれ自体としてひとつの思想であり、世界の名作のかきあつめではないと教材は強調している。

美しい理念といっていい。が、「（こゝに取り出された世界文学が、もっぱら西洋的であることを言わぬにしても。）」という括弧に括られた一言に注意しておこう。思想としての世界文学ならぬ、例示された個々の名作は実状として「もっぱら西洋的」だった。世界国家、世界市民の夢は「発展的」であり、つまり未来に向けて実現されるべきものであるにせよ、その夢へといたる具体的通路から非西洋が排除されているとすれば、世界文学の理念たる普遍的人間性とは、具体的には西洋世界の人間性を意味してしまうのではないか。山室静は、ゲーテの美しい世界文学の観念を語るとき、非西洋からの声をこうして括弧に括ることによって、つまり見せつつ消す操作によって、その夢の一貫性を守っているのだが、しかし次のような部分は、この括弧を閉じただけでは済まないような認識を含んでいる。ゲーテが世界文学という着想を得たその時代のコンテクストを山室は次のように説明している。「それまで西欧の一部に限られていたような世界は、学者や探検家の熱心な研究や踏査によってひろげられて、インドや中国や新大陸が、その古い豊かな文化の魅力や、新しいそぼくな風土や民族の驚異を示した。地球全体が、一つの世界を形作ってきたのだ」。

西欧による非西洋地域の「発見」は、こうした文化的な語りにもかかわらず植民地支配の拡張に他ならなかった。「地球全体が、一つの世界を」形成した時代とは、ウォーラーステインの言う資本主義世界システムの始まりという歴史的な出来事を指す。遠洋航海が技術的に可能となったいわゆる大航海時代以後、西欧世界はその科学技術文明の優越性をもってそれまでの自らの世界認識に入ったことのない地域とそこに住む他者を「発見」した。

「偉大な詩人は、そうした気運の動きをすばやく感じて、「世界文学」という理念を形作った」のだと山室静は書く。が、「世界文学」の夢は植民地支配や帝国的覇権の暴力の歴史とその根を共有している。ゲーテの「世界文学」は未来の相のもとに純粋人間性の勝利を語ったものだった。だとすれば「世界文学」とは、歴史の希望なのだろうか、それとも悲惨なのだろうか。私たちはそれを肯定することもできず否定することもできず、どう理解してよいのか分からなくなる。非西洋の世界を「発見」する普遍的な主体とはつねに西欧であり、発見される他者とはどこまでも西洋のまなざしの下での客体である。そして文明化という普遍主義の下にスタートした虐殺、奴隷制、植民地支配の歴史とは、それはまさしく普遍的人間性の名において断罪されるべきものに他ならなかった。普遍性をめぐるあまりに深い逆説が「世界文学」という夢の内には凝縮されて存在しているのだ。

世界文学の夢を語る教材が、戦争中のナショナリズムに対する深い反省を動機として戦後教科書に掲載されたこと、その動機を疑う必要はない。普遍的な人間性はこのとき確かに信じなければならない理念だったたことだろう。しかし同時に普遍性の語りは、現実に広がっている暴力を隠蔽する欺瞞として機能してきた。当時の教科書が情熱的に語っていた普遍的理念には、抽象的という以上の問題が含まれている。この深い逆説は米軍占領下の民主化改革という戦後史の深い矛盾を集約し象徴しているように思われるからだ。

だが普遍的人間性の理念が欺瞞だったとしても、人間性を奪われ尊厳を傷つけられた者たちはその理念を手放すわけにいかない。誰よりも人間のリストから排除され人権を認められない人々こそが普遍性に訴えなければならず、それによって不正義を不正義として認めさせる必要がある。またその緊張感の内で洗われることによってのみ、美名にすぎない観念も真の普遍性へと生成する可能性をもつことだろう。こうした緊張感をうしなったなら、普遍主義の語りは空疎な抽象的観念という以上に排除の暴力を行使する口実となりかねない。普遍主義は脱構築と再構築の絶え間ない批判作業を必要としている。が、私たちがその責任を果たしてきたかというと心もとない。

教養としての西洋文学

山室静の文章の後には「研究の手引」として「世界文学」に関連する参考文献が示されており、阿部次郎、茅野蕭々、土居光知らの名が並ぶ。戦後の「世界文学」の言説が主として戦前の知識の在庫、とくに大正期の「教養」の時代のなかから取り出されたものであることが分かる。興味深いのは、これらに加えて「最近は大山定一氏の論文が『世界文学』に出た」というホットな情報提供もなされていることだ。高校の教科書にこうした注が付いてしまう点に、この時期特有の情熱をかいま見ることができる。この『世界文学』は、当時京都の世界文学社が刊行していた月刊雑誌である（一九四六年四月～一九五〇年三月）。「永遠の相のもとに」というスピノザの言葉に示唆をうけ、この雑誌の編集者（伊吹武彦）は「世界の相のもとに」という言葉を使っている。教材ではないが引用しておこう。

われわれの感覚に世界の匂いがするように。われわれの言葉に世界のひびきがこもるように。その時こそ、われわれの感覚、われわれの思考、われわれの言葉は、一そう鮮かに美しく深まるだろう——と考えるのは果して途方のない夢だろうか。われわれは自信をとりもどさなくてはならない。自信の恢復はやがてわれわれのルネッサンスにつながる。しかしこの自信もまた「世界の相のもとに」こそ懐かるべきである。世界を無視した自信の愚かさについて、われわれはいま骨の髄まで思い知らされている。（一九四七年七・八月合併号）

このように教科書という言説空間の外でも、戦後の気分に表現を与える言葉として「世界」が流通していた。一九四六年一月に創刊された岩波書店の『世界』には、世界文学・世界思想の新訳・旧訳があいついで掲載された。

世界文学という語のもとに、シェイクスピア、ゲーテ、ロマン・ロランをはじめ、翻訳作品が教材となったが、そのラインナップは西洋の思想文学の真髄をして教養とみる発想に枠付けられた名作である。世界文学とは各国の名作の集積ではないとされつつも、実際にはイギリス文学やドイツ文学というように国名付きの文学が自明の前提となっており、その理解枠組みが揺らいだ形跡はみられない。一九二七年から三〇年にかけて刊行された新潮社『世界文学全集』全三八巻、いわゆる円本の時代の「世界文学」は、第一巻にダンテの『神曲』を収めていた。刊行の順番はイプセンやツルゲーネフなど、日本の近代文学に刺激を与えた作家の巻が早く、ここに描き出されているのは日本文学の観点にたった世界文学であり、日本の空に掛かった星座、という比喩がこの場合妥当である。最後の巻はエレンブルグやゲオルグ・カイザー、ピランデルロなど当時の最新文学に至るが、全巻編制を見ると「もっぱら西洋的」といっていいものである。後年、集英社が六〇年代末に刊行した『世界文学全集』もおもしろい作品を集めているが、やはりその世界は西洋世界を意味している。新潮社が五〇年代前半に刊行した『現代世界文学全集』は第一巻がヘルマン・ヘッセ、最終四六巻がボーヴォワールにあてられ、その第四二巻に魯迅が入っている。

世界地図に世界文学の分布図を重ねてみるまでもなく、非西洋の作品は数少ない。アジアの文学はというと中国の古典にもっぱら代表され、その後は魯迅の現代中国まで突然時代が飛躍するわけだ。

国語教科書の世界文学も、こうした枠を共有していた。多少時期が下るが、『新国語　総合二』（五七年）の最終単元「X　世界の古典」は、「一　シェイクスピア論　吉田健一」「二　ファウスト的人間　大山定一」「三　李白と杜甫」という教材編制になっている。世界のなかにアジアが存在しないわけではないが、それは李白・杜甫の世界である。世界文学としての日本文学にしばしば認定された森鷗外の『寒山拾得』は現世を超越した神仙世界だった。東洋は表象において近代以前かあるいは近代を超越しており、中国の近代を難問としてテーマ化した魯迅を除くと「東洋」に近代性は期待されていなかった。

大正教養主義の再発見

『新国語　われらの読書』が『新国語　文学』に模様変えしたことには既に触れた。このとき変わったのは題名だけではない。一九四九年の『われらの読書』の時点では「個人」と「世界」の間に「社会」が置かれていたのに対し、一九五一年の『文学』ではそれが「国家」に変わっている。『文学』の単元要旨には「個人が、地域的社会や国家に順応し制約されながら、その社会性を通じてこそ世界性に参与できるところにデモクラシーの精神がある」となっている。

一九五一年は、サンフランシスコで対日講和条約が日米安全保障条約とともに調印された年である（翌年発効）。冷戦激化の世界状勢のなか、日本は米国主導の西側諸国との間で講和条約を締結したが、それによってソ連・中国など社会主義国との間の講和を果たせなかった。当時は、どのような形であれ占領解除・独立を急ぐ議論に対して、冷戦の一方の側への加担を意味する単独講和は日本の主権を回復するものでなく、逆にアメリカによる事実上の占領を永続化させるものだという見解もあり、国論を二分する論争となっていた。戦争イデオロギーとしてのナショナリズムを忌避しつつも、再びこの時期に民族や国民という言葉が復権した背景には、親米的な政策を選択した当時の政府の方針を「民族の危機」ととらえるこの時期の議論があった。占領期間中の状況変化は教科書の語りにも微妙な形で反映し、それが個人と世界を媒介する中間項をどう見るか、具体的には「国家」をどう見るか、という箇所に現れた。戦後初期教科書の世界主義の語りが、このときどのような方向へ向かい、また文学的な言説はそのときどんな機能を果たしたのかを次に見よう。

先に触れたように、戦後の「世界文学」教材のはしりである土居光知の「国民的文学と世界的文学」は、雑誌『思想』の創刊号と第二号（一九二一年一〇月、一一月）に掲載された論文で、翌年『文学序説』（岩波書店）にまとめられている。文部省著作教科書『高等国語三上』、三省堂

『新国語（改訂版）文学三』などで使われた人気教材だった。文部省の「国語学習の手引」も三省堂の「研究」も、ほぼ同じ内容の設問が付いている。参考までに引用するが、むやみに難しい。

(1)　次の事がらについて作者の見解を調べる。

イ　国民的文学の観念　ロ　国民的文学の観点――二つの傾向とその融合　ハ　日本文学の概観　ニ　奈良時代の文学　ホ　平安時代の文学　ヘ　鎌倉時代の宗教と文学　ト　江戸文学の思潮　チ　明治以後の文芸の発達

(2)　国文学史を読んでこの課の内容を具体的に説明する。

(3)　次のことを調べて、説明できるようにする。

文学の転生・展開、主観に沈潜する、叙事詩・抒情詩・民謡・五山文学・ロマンス・人間性・現実主義・神秘主義・理想主義・自然主義・人道主義。

(4)　明治から現代にいたる文学の展開を一つの文にまとめてみる。

教材となった文章を含む『文学序説』は大正期の一九二二年に刊行され、戦後一九四八年に改版されている。つまり土居光知の世界文学教材は、大正期の言説のリサイクルであるとともに戦後の言説でもあったのだ。戦後に書かれた序文で、土居は初版刊行当時の雰囲気を遡及的に語っている。戦後の時点で過去を呼び出すとき、その過去はどのようにイメージされたのかが分かる。その頃第一次世界大戦が終わり、国際平和の時代が待望せられ、……日本は輝かしい希望をもち、思想の表現は比較的自由であつて……世界の片隅に日本文学を置いて見ようとするような比較研究の態度に対しても寛容であつた。しかしその時期は短かつた。

戦争の前に「日本にとつて最も幸せであつた時代」を見出し、「その頃」の文学理念を「字句の修正もなるたけ控えめにし、殆ど原型のまゝ」で再刊行する、と書いている。希望と自由と寛容に満ちた時代、それがいま原型のまま回帰する、というのだ。こうして戦後民主主義に大正デモクラシーという伝統が与えられ、歴史は再び正しい軌道に戻ったことになる。この歴史像によって、戦争の時代は不幸な逸脱として歴史の本筋から除外されることにもなる。ある社会がどのような来歴をもって今にいたるかについてイメージを与え、それによって集団的なアイデンティティの形成に影響を与える言説として、こうした歴史像を見ることができるだろう。

この時期の教科書は、暗い国家主義が終わり、新しい時代がはじまるというみずみずしいイメージを演出しようとしていた。土居光知が大正期と昭和期の明暗コントラストを強調しつつ改版序文を書いたときの安堵と期待は、よく伝わってくる。にもかかわらず、教材となった「世界文学」の文章からは、それほどあざやかな歴史の切断とコントラストを読みとることはできない。先に引用した設問からもわかるとおり、土居の文が教材化されるにあたっては、「世界文学」よりも、その観念によって浮上してきた「わが国」の問題を検討する部分が抄録されていた。「国民文学」の名の下に、ここで取り上げられているのは「古事記」と「万葉集」だった。

「古事記」は皇室中心の国家建設を語る叙事文学であり、日本国民が個人を超えたものを実現しようとしたことを意味する。個人が感情生活に目覚めた記録である「万葉集」とともに、それは「国民文学」の観念を実現していた。だがその後、国家の側は文学思想を圧迫し、また作家の側でも個人生活に沈潜し、ついに「私人」のものとなった文学は国家との接点を失った。そこからこの文は近代文学・私小説批判に移る。「普遍なるものを内面化し、超個人的なものを体験する時、真の個性の成長が」あるはずだが、しかし「わが文学において、かゝる崇高な個性に接することはまれである」。

この教材もまた、文学を語っているというより、主体形成の論理を語った文となっている。国家とかかわらないばらばらになった「私」ではなく、個人を超えた価値の建設に関わる崇高な個性が理想化され、個性実現への傾向と個人を超えた全体に生きようとする傾向との合流に「国民文学」が成立するはずだとされている。

大正期に書かれたこの文は、いまや戦後教科書という言説空間を新たな文脈として見いだし、戦後の言説として再生していた。だが、この文をみるかぎり、幸福な大正期から暗い戦争期へと移行する間には土居自身が言うほど決定的な断絶があるようには感じられないし、よく言われる敗戦を境にした価値観の逆転も感じることができない。大正期に書かれ戦後にリサイクルされたこの文が望ましい個性とするのは、国家の価値を内面化した個性だが、これは戦時下にあってもやはり望ましかったのではないだろうか。

西洋と日本の自然

『新国語（改訂版）文学』の最終学年・最後の単元は「文学の本質」で、和辻哲郎「芸術の風土的性質」が教材となっている。『風土　人間学的考察』の第四章にあたる部分の抄録だ。「風土」による自己了解とは、暑さ寒さを主観的に感じる「個人」の自己了解ではなく、暑さ寒さを共有しそれを防ぐ手段をさまざまに講じる「我々」を了解するということである。そして「単に現在の我々の間において防ぐことをともにし働きをともにするというだけではない。我々は祖先以来の永い間の了解の堆積を我々のものとしているのである」。風土を存在規定とする自己了解は個人を超えた我々、さらに現在を超えた伝統の理解に通じる観点であると、この文章は説く。特定国家の国民ならぬ普遍的人間として「個人」を強調していた戦後最初期から、主体モデルの転調がおきつつあるそのプロセスが観察できる。

「風土」によって異なる芸術という発想は、教材採録箇所によると次のように「世界」像の劇的変容を意識するところから得たものだった。

……この四〇年の間には、人類の歴史が始まって以来いまだかつて現出したことのない新しい世界の姿が成り立った。世界の交通は著しく容易となり、政治と経済とは全世界を通じて敏活に影響しあう。そのようにあらゆる文化は互いに交錯し、染め合い、響き合う。

和辻がこれを書いたのは一九二九年だが、九〇年代後半のグローバル化言説さながらだ。世界というイメージが浮上したとき、それ以前とは異なる文化的発想が生まれる。ひとつになった世界という新しいイメージにもかかわらず、むしろそれによって、ひとつというより相互に異なる多数の「文化」をどのように理解するかの問題が浮上するのだが、この点もまた現在の私たちにとって興味深い論点であるだろう。

和辻において、文化の接触による「全世界」というイメージの成立は、世界普遍性の追求につながるのではなくむしろその逆に、地域の特殊性を発見し、強調する方向へと通じていった。和辻は、この経緯を「とき」と「ところ」、歴史軸と地理の軸との関係で説明している。世界の各地域が西暦で一元的に表現されるような同じ一つの歴史を経験するようになったとき、「ちょう

ど その事情のゆえに」、「ところ」によって違う「芸術の風土的性質」が析出されてくる、というのだ。「芸術の形式」には、世界が一元化されてしまう以前、かつていくつかの「ところ」に別れて異なる時間を生きていた、その歴史の相違が深く関与しており、その特殊性は「全世界」というイメージが成立したときにこそ明らかになるというのである。

教材化部分ではないが、和辻は『風土』序文に、『存在と時間』のハイデッガーが「人の存在の構造を時間性として把握する試み」に興味を感じつつも、同時になぜ「空間性」を考慮に入れないのかが自分にとっては問題になったと書いている。西洋哲学の枠組に対し異議申し立てを行おうという構えがここに見られる。教材化された部分から引用すると、「特に我々東洋人にとっては、その永い特殊な芸術の伝統を捨て去って顧みないのでない限り、「ところ」の相違が関心の中心とならざるを得ない」と書かれている。世界の交通が容易になり、政治・経済・文化が全世界を通じて影響しあうとしても、こうした変容においてヘゲモニーを握っているのは欧米であり、世界がひとつになるというのは世界の西洋化、西洋の文化と価値の普遍化を意味している。このとき西洋人ならざる「東洋人」にとっては自らの文化的アイデンティティが深刻な問題としてせり上がってくる。マジックミラーで分割された世界のように、「ところ」の相違を維持しなければならないという危機意識は西洋の側には存在せず、それはもっぱら「東洋人」にとってのみ存在する死活問題なのだ。こうして世界がひとつになる時代に西洋/東洋の非対称性が問題化される。

つまり、風土・文化論は、客観的な地理と自然に根ざす記述ではない。西洋人と「われわれ」との間の相違は、自然・風土に根ざしているわけではなく、この非対称性の意識に由来する語りなのである。こうした論点はたいへん興味深いのだが、にも関わらず、教科書はこの後、西洋と東洋の自然観の急速な実体化へと傾いていく部分にポイントを置いて採録する。西欧においては温柔で秩序正しい自然はただ征服されるべきもの、またそこにおいて法則を見いだされるべきものだが、東洋において自然はその非合理性のために決して征服されえないもの、そこに無限の深みの存在するもの、という。西洋の合理主義に対する東洋の非合理といった語りは紋切り型だが、文化を気候風土という自然に結びつけなおしたこの文は当時注目された。問題を問題として取り出すために、比較の作業は必要であり、それを本質主義として切りすててしまうわけにはいかない。しかしながら和辻のように「国民性」を自然のレベルで規定するならば、それは人為的な改変を許さない「宿命」と化すことだろう。そして筆者は、まさに人為的改変、つまり革命を嫌っていたようだ。

かゝる過去の伝統から最も勇敢におのれを解放したかに見えるロシア的日本人でさえも、その運動の気短い興奮性において、いかによく日本の国民性を示していることだろう。変化に富む日本気候を克服することは、おそらくブルジョアの克服よりも困難である。

唐突に「ロシア的日本人」が登場するが、この文章が書かれた昭和初期には社会矛盾を改変しようとする労働者や若い知識人を革命運動が強力に惹きつけていた。社会というのは変えることができるものなのだという信念を、人々が持っていた時代である。和辻はこうした革命運動家たちを冷笑しながら、「われ〳〵はかゝる風土に生まれたという宿命の意義を悟り、それを愛しなくてはならぬ」と文を結んでいる。国民性は気候風土という不変の自然に結びつけられることによって、それに賛成したり反対したりするような個々人の主観を超えたものとなるのだが、こうした文化論が語っているのは、文化とは受け入れ愛する以外に選択肢のない「宿命」だということだ。

これは昭和初期当時の言説であると同時に、冷戦対立の激化したこの時期に再普及した言説でもある。和辻は大正教養主義世代の一人だが、大正期的な世界主義、普遍主義は、一世代下のマルクス主義者たちから、歴史的社会的規定を欠き、つまり階級の観点を欠いた抽象であり、結局現体制を超歴史的に語ることで普遍化するイデオロギーであるという批判を受けた。大正期の世界主義、普遍主義の実践形態は、東西古今の教養を習得することで個としての人格を高めるといった人格主義、教養主義だったが、こうした志向には、歴史や社会といったカテゴリーをいきなり超越してしまう性向が確かに備わっていた。「世界」や「人間」も実際には人種、国家、階級、性によって差異化、差別化され、分断線が走っている。和辻は西洋と東洋の差異はじめ各地風土の違いを理解していたが、しかしそうして取り出される国民性は宿命であり、国民性の内に走っている差異化の線については無関心だったようである。

冒頭に世界主義を掲げた『新国語』は、こうして宿命的な国民性の内に閉じられていた。『新国語　文学』の改訂の際に、個人と世界とを媒介する中間項は「社会」から「国家」へと変わっているが、土居光知の世界文学＝国民文学、和辻哲郎の風土＝宿命という教材選択も、その方向にそっていた。

「世界文学」の表象は、ただちに実在する外国文学諸作品を指していたわけではなく、戦争期の国民にとっての全体だった「国家」「民族」を相対化する新たな全体を提示するはずだった。だが、同時に「世界」という抽象的な理念が文学の領域で具体的な形をとる場合、文学が言語の芸術である以上、なんらかの「国語」によって具体化されるものとして取り扱われた。すなわち世界文学は国名を冠した国民文学において具体化される。これは国家間関係としての国際関係という世界理解の枠組をそのまま文学の場で反復するものだった。

ゲーテが「世界文学」の着想を得たのは一八二七年のことである。「純粋人間性の勝利」といわれるゲーテの世界文学は、国名を冠した各国文学のかき集めではなく、未来において実現されるべき理念として提出されていた。スピノザに傾倒していたゲーテにとっては真実の認識の行き着く先は「永遠の相のもとに」なのである。しかしこの時の「世界」は、すなわちヨーロッパ世界を意味しており、ヨーロッパ世界こそが合理主義の精神を体現するがゆえに他の文明化されざる地域に対し優位にたつというのは、まぎれもなく植民地主義的なモダニティを駆動した思考形式である。

現在、「世界文学」はかつての教養主義的な名作ではなくなりつつある。一九九六年から九七年にかけて刊行された『世界文学のフロンティア』（岩波書店）には、エドワード・サイードの「亡命生活についての考察」、トリン・T・ミンハ「私の外の他者・私の内の他者」、ジョナス・メカス「水辺で、森の中で」などが収録され、九七年刊行開始の平凡社『新しい「世界文学」シリーズ』にはマリーズ・コンデやジャメイカ・キンケイド、ラシュディやシャモワゾー、そして『クレオール礼賛』が並んでいる。第三世界の文学、クレオール文学など、さまざまな文化的境界を浮き上がらせつつそれを批評する作品が、「世界文学」とよばれているのだ。二〇〇一年のノーベル文学賞を受賞したV・S・ナイポールはカリブ海の島トリニダードに、インド移民三世として生まれ、かつての宗主国の言語である英語によって書いた。一つの国の一つの民族を代表するかのようにその母国語で書く作家ではない。

脱植民地化という歴史的課題とともに、「世界文学」の観念は自在に変容を遂げていく。平岡正明に『粱石日は世界文学である』という本があるが、日本人のかたわらにもまた在日朝鮮人の日本語文学が存在している。沖縄の島の作家たちの日本語とともに、それは日本語=国語という等号で結ばれた固定観念が形成されるに至ったその歴史を再審に付すだろう。まさに、ゲーテが描いた「世界文学」の夢とは違った方向へと、世界が進んでいた近代のその証言が、今「世界文学」として回帰し再浮上しているのだ。

第二章　文学史と文学理論——戦後初期その2

1　島崎藤村と「夜明け史観」

戦後詩人・島崎藤村

文部省著作教科書『高等国語一上』（一九四七年検定・発行）の冒頭には、島崎藤村の詩集自序が置かれている。藤村は『破戒』（一九〇六）を始めとする作品によって日本文壇に近代的リアリズムの地平を開いた小説家であるが、近代小説の創始者たる以前に近代詩の創始者でもあった。『破戒』以前の明治三〇年代に『若菜集』（一八九七）、『一葉舟』（一八九八）、『夏草』（一八九八）、『落梅集』（一九〇一）と続けざまに詩集を発表、さらにこれらをひとまとめにして『藤村詩集』

（一九〇四）を刊行したが、このときの序文は、次のような壮大にしてロマンティックなものだった。詩人・島崎藤村による、いうなれば近代詩宣言である。

> つひに新しき詩歌の時は来たりぬ。／そはうつくしきあけぼののごとくなりき。あるものはいにしえの預言者のごとく叫び、あるものは西の詩人のごとくに呼ばはり、いづれも明光と新声と空想に酔へるがごとくなりき。／うらわかき想像は長き眠りより覚めて、民俗のことばを飾れり。／伝説はよみがえりぬ。自然は再び新しき色を帯びぬ。／明光はまのあたりなる生と死とを照らせり。過去の壮大と衰退とを照らせり。（以下略）

夜明けであり、覚醒であり、創世記さながらの始まりである。当然のこと、この文が教材として使用されるときには、教科書の始まりの位置に置かれていた。文部省著作教科書が高校一年生用教科書の冒頭にこの序文を置き、以後の民間会社の検定教科書もこの位置を踏襲している。「ついに新しき詩歌の時は来たりぬ」から高校国語の全課程を始めるのが当時の約束事だった。『新国語　われらの読書一』（四九年）には、例によって編集側がこの一冊にこめた理想をうたう巻頭緒言として「まず個人が確立されなければならない」という精神革命の課題が提示され、その後に来るのが「つひに、新しき詩歌の時はきたりぬ」である。改訂後の『新国語（改訂版）

文学一』の冒頭、「I　新しい道」でもやはりこの自序がはじめの教材となっているが、この単元のねらいを示した文には「自我にめざめようとする自由な個人」「日々に、新しい自己をつくろうとする意欲」といった言葉が見られる。明治からよみがえって戦後という新たな文脈を得た藤村詩集自序は、自我の確立、個人の確立という近代的な価値観を語る文として教科書の頁上にクローズアップされたのである。編集サイドの関心は「新しき詩歌の時」ではなくして「新しき詩歌の時」に向けられていた。それまでの暗い夜の時代が過ぎ、いま新しい夜明けを迎えるという新生のイメージゆえに、藤村の言葉が戦後教科書の扉を飾ることとなったのだ。

生身の藤村は戦争中の一九四三年に死去しているが、この詩人・作家の言葉は、始まり・夜明け・新生という一連のイメージを通して戦後という時代に再生を果たした。藤村の作品は戦前・戦中を通して信頼される教材だったのだが、わけても戦後の文部省著作教科書の重用ぶりは突出している。一年生用教科書冒頭の詩集自序にスタートして、二年生用では「一　文章を学ぶ者のために」、三年生用には「八　柱時計」(「嵐」の抄録)という具合に、各学年で必ずなんらかの藤村文を読むようにカリキュラムが設計されている。これほどの教材使用例は他の作家にも例がない。民間会社の検定教科書でも『現代国語　一上』(成城国文学会、四九年)の冒頭に「一　出発」と題された「嵐」の一節が使われ、そのほか『夜明け前』や『家』などの長編小説も抄録されて五〇年代後半にいたるまで使われていた。

戦後の藤村教材では、「思へば、言ふぞよき。ためらはずし言ふぞよき。」(詩集自序)、「詩を新しくすることは、私にとってはことばを新しくすると同じ意味であった。／過去のことばの暗さ。往時を追想すると、ことばはもてあそばれ、すりへらされ、ふみにじられ、……」(文章を学ぶ者のために)といったフレーズが好まれている。旧時代の拘束の中から身をもがくようにして現れ出る新しい時代を遺憾なくイメージ化して、近代抒情詩人の面目躍如である。この詩人に期待されたのは前近代と近代を切断し、そこに暗黒の闇夜に対する黎明の予感、暗に対する明のあざやかなコントラストを与えることだった。近代の幕開けを語ったこの作家の言葉を呼び出すことによって、戦後という時代は、いったん挫折した近代化の再スタートをふたたびみずみずしく彩ることができたのだ。

リアリズムとロマンティシズム

正宗白鳥による評論「島崎藤村」(『新国語　文学三』五一年)も、藤村教材のバリエーションとみていい。正宗白鳥という作家はあまり遠慮しないタイプなので、藤村はもったいぶった口調の重苦しい作家であり、作中のモデルを知らないかぎり退屈で読むに堪えないし、白鳥自身あまりの読みにくさに辟易して一〇行まとめて飛ばし読みしたことなどを書いている。一見すると藤村を推奨する文にはなっていない。が、これは「Ⅲ　評論の精神」という単元に組まれた教材である。単元要旨一覧表を参照しよう。

文学作品を鑑賞することから始めて、これを解釈したり、研究したり、あるいは社会的に、あるいは歴史的に見ることも学んで来ました。作家についても同様ですし、文学史や文学理論のことも、ある程度知っているはずです。当然、これらを総合して批判的に見ることに気がついてきているはずです。これはりっぱに人文科学として成立するのですが、その批判精神が端的に現われた創作活動としての文学評論を中心に、こゝであらためて考えることにしましょう。

戦後初期の国語は、文学史、文学理論のみならず、こうして文学評論にも大きいスペースを割いていたわけだ。文学評論は「人文科学」であり「創作活動」でもあった。文学評論がひとつのジャンルとして認知されるためには、その前提として、文学についての言説が人々の問題意識に関わっていると認められ、したがって公共圏の一部をなすものと認められている必要がある。文学が単に個々人の趣味や娯楽としてではなく、歴史的かつ社会的に有意味だと認識された場合、その限りにおいて文学評論は存在理由を持ちうる。当時の国語教育は当時の文学の社会的位置と比重を反映するとともに、また遂行的にその位置価を再生産すべく働きかけ、これを保証していた。こうした文化環境の内にあって、文学評論は「批判精神」というきわめて重要な精神の構えを働かせる場として認識されている。そうであれば、正宗白鳥が藤村小説のどうしようもないつまらなさを強調したところで、藤村の偉大さに変わりはない。評論の対象となる作家とは、誉めるにせよ批判するにせよ、なんであれ無視することはできない作家、として立ち現れるのだ。批判も含めて、評論され引用される頻度は、文学的カノン（聖典、正典）たるためのひとつの必要条件なのである。

もっとも白鳥の評論は、藤村は読みにくいつまらないという見解に終始するわけでは当然ない。白鳥は「藤村氏の本領は峻厳なるリアリストたるにあらずして、ロマンティシズムの作家たるにある」というのだ。リアリズム／ロマンティシズムという対をなす批評用語は、当時の教科書のなかでことのほか重視されていた。この一対の概念は、自然主義／ロマン主義、客観／主観、現実主義／理想主義、あるいは大人（の現実主義）／青年（の理想主義）といった付随する対イメージも含めて、相互に関連する別の一対の用語と置き換えられながら、戦後初期の教科書的文学史を全体的に支えていたのである。外なる権威や迷妄にとらわれることなく眼のまえの物事をそのまま客観的に捉えるリアリズム精神は近代精神の出発点として重視されるべきである。が、しかし、眼のまえの現実をたんに見るだけでなく、その困難な現実を乗り越えるための理想もまた欠くことはできない精神的要素なのだ。正しく近代的な主体とは、リアリストの眼を持ちながら、現状に安住しないロマンティシズムを持つべきである——この対概念には、そうした教育的なメッセージがこめられていたものと思われる。

ただし、この対立にはいうなれば特殊日本的な事情がからんでいた。日本文学史にあっては、リアリズム概念の内に、真のリアリズム、すなわち西欧文学のリアリズムと、疑似リアリズム、すなわち日本的リアリズムという副次的な区別を加える必要があったのだ。近代精神の確立を獲得目標として掲げる教科書は、客観的科学的な精神を説明するためにリアリズムの重要さを強調するが、しかし日本の近代作家たちは、西欧のリアリズムがよって来たる近代精神を誤解し、その誤解の所産として日本的素朴リアリズム（自然主義＝私小説的リアリズム）を生んでしまった、というのが当時の文学史に通底する物語だった。この文学史プロットは、文学以外の一般的な言説とメタヒストリーのレベルを共有している。つまり、日本近代は、西欧において完成された科学技術や表層の生活様式を輸入することによって近代化に成功したが、しかしそれを成り立たしめた近代精神についてはついに理解していなかったという言説、日本近代の「歪み」という言説があり、その文学史版が誤解の所産たる日本リアリズムという物語である。真のリアリズム精神は近代的主体にとって獲得すべき目標であり、特殊日本的な素朴リアリズムは克服すべき対象である。そのためにも、素朴な現実から離陸する契機として、理想を維持するロマン主義が強調されることにもなったのだ。

正宗白鳥は、戦後教科書のために島崎藤村論を書いたわけではない。にもかかわらずこの「藤村」は、あつらえたように戦後教科書的な論調に当てはまっている。リアリズム作家の代表とされる「藤村」だが、白鳥によると彼は資質としては詩人である。明治末の自然主義時代に田山花袋が「現実暴露」や「無技巧」を文壇スローガンとして掲げたのに便乗した傾きはあるが、たとえば長編小説『家』には「古い家の桎梏を破って新しい世界へ出ようとする努力」がうかがえ、単に暗い現実を追認しただけではない。古い家制度の伝統の支配を離れるのは容易ではなく、結局「家」は暗いのだが、しかしどこかに清新な世を迎えようという努力があると白鳥は書く。

なにより藤村の『家』という小説タイトルが、やはりこれもあつらえたように、戦後的言説にフィットするものだった。当時の思想文学において「家」とは不動産のことではなくひとつの観念であり、自由であるはずの「個人」を縛る封建的・前近代的な遺物を意味していた。近代文学史、思想史において、近代的自我の確立はしばしば「家」との闘い、「家」からの脱出として語られていた。「そろ〳〵夜が明けやしないか」と雨戸を一枚ばかりあけてみたが、屋外はまだ暗かった、という『家』のラストシーンを引用する白鳥の文は、藤村が、藤村自身のあずかり知らぬ戦後社会において占めるべき象徴的意味を完璧に語っていたように思われる。前近代的遺物はいまだ根強くのこっている、だがしかし日本社会にも夜明け=近代は必ずやってくるだろう。夜明け前が一番暗い、というフレーズが、この時期の活字レベルにしばしば見られる。

「新しき詩歌の時」の黎明イメージだけでなく、島崎藤村は小説においても『家』、『夜明け前』、

『新生』といった既に象徴的な題が多い。こうした長編を本当に読んでしまった場合はともかく、題名だけなら、どれもみなきわめて雄弁かつあざやかに、前近代／近代のコントラストを作り出している。藤村が戦後あらためてカノン化される過程で、この明暗のコントラストを基調とするキャッチコピーが、暗い戦中／戦後という夜明けという境界に重ねられたわけである。明治以来の近代化が「歪んだ」ものであり、個人の主体性の確立が不充分であったがために、日本社会は軍部の暴走を許してしまった、その反省から出発して新しい時代、戦後における再近代化のプロジェクトがスタートを切るのだという理解を、藤村作品のタイトルはみごとにイメージ化していた。戦時中に死んだ藤村は、このように戦後のコピーライターとして成功を収めたのである。もっとも島崎藤村は戦前期から既に国語教科書に使われていたし、また「新生」という言葉は戦争中の「新体制運動」の文脈でもさかんに使われた語だったことに注意しておくべきだろう。時代の文脈を越えて、同じ語、そして同じイメージが流用されたのだ。

2 「文学史」の枠組み

文学史の登場

前述のように、戦後初期の高校国語教科書『新国語』は、言語系・文学系の二分冊形式をとった。そのうちの文学系分冊の『われらの読書』は一九五一年検定の改訂版で『文学』と名称を変更し、文字通り文学の教科書としてリニューアルされた。これを機に文学の教材の量が大幅に増えているのだが、量的な拡充は、質的な変化をともなうものだった。この時に、教材の眼目として浮上してくるのが、文学史や文学評論、文学理論など、個々の文学作品を理解するための枠組みあるいは理論装置であり、いわばメタ文学的な言説群である。他のさまざまな文章のうち、特に「文学」を学習することにどんな意義があるのか、それを説明することでメタ文学的な言説は「文学」の存在理由を補強していた。戦後の社会は「文学」にどのような期待を寄せていたのだろうか。この節では「文学史」という言説を中心にして、このことを考える。個々ばらばらに存在する作品に一定の意味をあたえ、また一定の秩序のもとに編成する枠として機能していたのが文学史だったのだ。

明治期の詩人・島崎藤村が戦後の教科書に登場するとき、封建時代の闇と近代の黎明との対照が、一九四〇年代というスクリーンの上に大きく投影され、あざやかな明暗のコントラストを作りだしていた。これは戦後初期のもっとも有力な教科書作家だった藤村だけではない。他の作家、作品もまた前近代と近代、闇夜と曙光というコントラストを補強するよう配置されていた。歴史の流れ、時代の変化をイメージ化するうえで、文学史はきわめて便利なメディアだったのだ。なにより文学は人間精神の本質に関わる領域だとされていたのである。

文学史は、過去の作品の集合に適切だったり不適切だったりする名前を付けることによって、あるいは名前を付けずに放置することによって、多くの作家・作品をふるいにかける。文学史に登録されるか否かの分かれ目で、一部の作品が一定の秩序のもとにしかるべき価値を獲得し、かわりにたくさんの作品が忘れられる。文学史は膨大な作品の集積に対し、排除の装置／統合の装置として機能してきたわけだが、その影響力は功罪ともに大きい。

文学作品は一方で過去のある時発表され、その日付をもった歴史的史料として存在し、他方では、後年の読者に読みかえされ解釈されたとき始めて文学としての意味をもつ。つまり文学作品は過去と同時に現在に属しているのだが、しかし、現在の読み手はなんの前提もなく作品と出会うわけではない。文学史というふるい分けの装置を通してそこに登録された作品にだけ出会いうるのが実状だ。

そのために、既存の文学史に対しては、あれこれの作家が抜け落ちている、作家の扱いの軽重が妥当性を欠いているといった批判がつねになされてきた。ただし、それは必ずしも単純に補填すれば済むようなたぐいの欠落ではない。よく言われるように、歴史叙述における欠如とは、それを埋めていくことによって少しずつ完全な全体に近づいていくような欠如ではない。文学史家は、過去の作品を扱うさいも、つねに現在における自らの問題意識をもって歴史を書いている。逆にいえば、文学史に書きとめられない作品とは、文学史家の問題意識や、その時代の文学の規範化にとってのノイズ、いわば邪魔ものともいえるのだ。つまり、文学史が一貫した方向性をそなえた物語たるためには、なにかを書かないで済ますことが必要だともいえる。文学史における欠如とは、いわば一貫した歴史＝物語を成り立たせるために、それを取り落とさなければならないような必須の欠如なのである。文学史の語りが一貫性を保っていればいるほど、それはそのストーリーにとってのノイズを遠ざけ見落としており、その欠如によってこそ文学史の物語は整合性を得る。

だとすれば、それまで文学史に採り上げられなかった作品を採り上げ直すためには、それ以前の文学史的課題意識、それ以前の文学的規範そのものが根本的に変わらなければならない。

なにを文学史に書き留め、そのかわりになにを歴史の外に放置し排除するのか。このことは、文学史家の現代に対する関わりのなかで形成される問題意識・方法・歴史像の構成のなかで方向付けられている。文学史の秩序立った記述からこぼれ落ち、そこから構造的あるいは距離的に遠ざけられ黙殺されてきた作品が新たに文学史に組み入れられるとしたら、それは単純に文学史の頁数を増やすことを意味するのではない。それら放置され排除された作品たちは、自らを排除せずには成立しなかった文学史の枠組みと文学の規範に対して変更を迫っているのである。日本近代の文学史においても、女性や旧植民地出身の日本語作家、マイノリティの文学がその頁上に登場したとき、文学史の基軸自体が（潜在的には）刷新されていたはずだ。

文学史が文学作品を対象とする以上、その記述からは文学史家個人の趣味嗜好、評価にともなう主観性を取り除くことはできない。だから文学史はいわゆる歴史——客観的な歴史とは認められないといわれる。だが、しかし趣味や主観性が、ほんとうに「個人的」なカテゴリーであるかどうかは疑問である。ピエール・ブルデューが分析したように、「趣味」は社会学的に構成されているという視点には充分な説得力がある（『ディスタンクシオンⅠ・Ⅱ』石井洋二郎訳、藤原書店、一九九〇）。するとむしろ、文学史をいわゆる客観的な歴史から排除する理由である書き手の主観性、発話のポジションの問題は、むしろ歴史記述一般が広く共有する問題ともいえる。するとその問題性がはっきりと現れる文学史とは、歴史記述ならざる言説というよりもむしろ歴史記述一般の問題を先鋭化させたその代表事例だとさえいえるだろう。

歴史記述が客観的ではありえないという認識は、また客観的でありえないからこそ、歴史がつねに書き換えと再編制の可能性に対して開かれているという認識へ繋がっていく。そして文学史家・歴史家の現在の問題意識に即して歴史像が変化しうるのだとしたら、歴史記述それ自体にもまた歴史があることになる。以下では、戦後の教科書的「文学史」と、その記述秩序の変化について考えることにしよう。具体的な教材をとりあげるまえに、あらかじめそのポイントを要約しておくことにする。

(1)　普遍的な発展段階としての文学史。時代精神と文学形式・文芸思潮とは相互に対応しており、それは歴史的に段階を踏んで発展する。文学史とは、すなわち人間精神の発展段階だった。

(2)　この発展史は、その最終的到達点として近代精神＝近代小説を想定していた。この歴史は目的論的な歴史であり、主題となるのは「近代」だった。

(3)　近代文学思潮を分節する軸として、自然主義／ロマン主義の二大別があった。この対立に、知／情、客観／主観、現実／理想といった相互に関連する別の対語が重ねられることで、近代精神なるものの構成要素が分節され、その内容が与えられた。

(4)　歴史の普遍的到達点として近代という時代＝価値が設定される瞬間に、日本近代の問題が日本的リアリズム＝私小説の特殊性という形で析出される。

(5)　この日本の特殊性という問題は、当初、やがては修正されるはずの反省点だったが、次第に近代を目的地とする普遍的歴史のなかに回収しきれない独立した論点へと肥大し、ついに教科書の言説空間を全体的に再編する契機になっていく。このとき教科書における戦後初期が一つの区切りを迎えることになる。

戦後初期の国語教科書という言説空間に、文学史という言説が登場した。この文学史は文学それ自体を目的としていたわけではなく、進歩、近代、個人、世界、普遍的人間性、民主主義といった一連の価値をそのなかに織り込んで提示する言説構成体だった。以下では、戦後初期の文学史の語りと、そしてその語りが破綻するまでの論理をたどることにしよう。

近代へ向かう文学史

『新国語（改訂版）文学二』（五一年）に、「文学史の意味」という教材があった。塩田良平の『国文学史の研究』から抜粋された文章である。この教材は具体的なあれこれの文学作品や文芸思潮の名を並べた文学史記述ではなく、題名の通り、文学史それ自体の「意味」を語るものだった。

筆者・塩田良平は、まず「文学」を社会的文化的生産物として定義している。ひとつの作品は作者によって決定され、その作者は自分自身が属している時代によって制約されている。さらにその時代環境もまた永劫につながる時間空間の一部分をなしている。こうして一作品の内にさえ、日本の歴史と運命の全体がふくまれているというのである。

このような文学概念において、作者は一個人ではなく、作品も孤立した一作品ではない。塩田は読者側に言及していないが、歴史的な意味を持った作品を読む者は、やはり気晴らしや暇つぶしのためにたまたま小説を手に取るような個人ではない。作者であれ、読者であれ、文学に関わる行為者は、過去の文化と未来の文化との結節点に身を置いており、その意味では自分個人の意識を越えて歴史的社会的存在となっている。文化史の過去と未来の流れのなかに作品を位置付ける言説を、ここでは思想としての「文学史」と呼んでおこう。戦後初期の高校生のために用意されたこの教材は、まさに「文学史の意味」を明快に説き出した教材だった。

この文が語る「文学史」は、各時代ごとの文学の担い手が次第に裾野を広げていく歴史である。文学はかつて特権階級の占有物だった。だが、歴史の進展とともに貴族公卿から武家へ、武家から町人へと、文学の知識は次第にひろがっていく。そして、印刷文化の発展によって、文学受容圏が農民や労働者、国民全般にまで普及するのが近代であり、つまり明治大正以後の時代である。さらにこうした裾野のひろがりは、特権階級の消失、平等な社会の成立を意味している。この「文学史」は、すなわち文学民主化の歴史なのである。「今や貴族文学なく武家文学なく町人文学なく、ただ個性文学の時代となった」、「今後この個性はますます分化複雑化し、また一方、整理統合されていくであろう」。しかし、いかなる場合にもそれは「人間性に立脚した文学」であり、「近代文学とは広範なる人間性を基調とする個性的な文学」なのである。近代を待って登場した新たな人間像としての「個人」、そして個々の個性を支える共通分母として普遍的人間性を要請するのが、近代文学という段階なのである。第一章で見たように、戦後初期には世界文学と普遍主義の語りが言説を統括する要となっていた。ここで検討する歴史軸に沿った語りにおいてもやはり普遍的な価値が必要とされていたのである。近代個人の文学へと向かう「文学史」は、普遍性と個性とを結合させる言説だった。

この言説は個々の具体的作品を参照することなく成立しており、また参照しないからこそ成立している。この時期、文学作品が量的に拡充されるにあたって、個々の教材に意味を与えていたのがこうしたメタ文学的言説だった。文学史そのものの意味について書いた評論は他にも目立つ。二年生で塩田良平の「文学史の意味」を読んだ生徒は、三年生になると工藤好美「文学の本質」を学ぶことになる。この文は、抒情詩、叙事詩、劇、小説は、それぞれが含む経験が歴史的に異なっているという内容で、時代ごとの主導的文学ジャンルの変遷のなかに、時代精神の変遷を読みとろうとする文である。

歴史的に変化し、交替する文学ジャンルとは、文学の中に入り込んだ歴史・社会の経験がそれぞれに取る形式である。文学形式の歴史は、すなわち人間精神の発展史であり、それは最終的に近代的文学ジャンルとしての小説にいたる。工藤の文の場合、文学が社会に規定されるだけでなく、文学と社会とは相互に規定し超越する関係にある。作品はその生産の歴史的諸条件に対して超越しているのだから、文学は時代精神の反映である以上に、時代精神を新たな段階へと押し進めるダイナミックな力だとされている。

前述の塩田良平「文学史の意味」は、「I　民主的社会へ」と題された冒頭の単元に配置されていた。この単元の要旨には「個人は自由な一個ではありますが、また社会的、歴史的存在でもあります」「社会的連帯と歴史的必然、個人はこの中に住んでいます」という文言が見られる。

その認識がなぜ「文学史」を要求するかというと、「文学が現実を具体的な形象として感じたり考えたりするものである以上、根底において、人を自分のように感じ、過去を現在のように考える力が要求されているのも当然」だからだ。文学はそれ自体、歴史的・社会的に形成されたものであり、その歴史は、「民主的社会へ」と至る歴史そのものである。

このように「文学史の意味」が説明された後には「古典と現代」という単元が続き、「歴史的、社会的存在としての人間」と「そういう人間が生んだ文学の歴史的社会的意義」を考えるという目標が掲げられている。塩田の文が文学はそれぞれの時代に応じた様式をもつというメタ文学史を掲げると、それを具体化する形で古典から現代へと連続的に発展する作品が編制され配置されているわけだ。さまざまな文章を集めて作られる教科書の場合、教材の内容だけでなく、それをどう並べるかという編集レベルにもメッセージがある。古典の教材が中心だった戦前の教科書に変わって、戦後は近代文学が中心となったが、この時期も古典作品が消えて無くなるわけではない。ただそれは近代という目的に向かってすすむ文学史の一段階だった。

文学史とは人間精神の歴史とされ、その歴史は近代的個人の確立、個人主体を構成単位とする民主的な社会の獲得を到達目標においた目的論的な歴史だった。個々の作品も、基本的にはこうした目標のもとで方向付けがなされる。戦後初期の「文学史」は、具体的な作品にほとんど触れないが、具体性がないからこそ可能になる精神の歴史としての意味を与えられていた。

近代的主体を育てる

この他にも、中野好夫の「近代小説の起源と発達　近代リアリズムについて」、やや時期が下るが桑原武夫の「近代文学について」など、近代文学、すなわち近代的主体を担い手とする文学の確立へと至る発展段階的な文学史＝精神史を描き出した評論は必修扱いである。

中野好夫の「近代小説の起源と発達　近代リアリズムについて」は、『高等国語（改訂版）三上』（五二年）の「文学研究」という単元に入っている。この教材に並んで、夏目漱石「ガラス戸の中」、森鷗外「寒山拾得」、さらに「参考」として「ロマーン主義と自然主義」を説明した文と萩原朔太郎「遺伝」が続いて一単元を構成している。

中野好夫「近代小説の起源と発達　近代リアリズムについて」は、「近代小説」と「近代市民社会」をイコールで結びつけた文章である。叙事詩というジャンルが、建国神話をはじめとして、民族の理想と民族全体の意志を表現するジャンルであったのに対し、近代小説は近代市民社会に登場する個人の運命を描くジャンルとされている。「近代リアリズム」は、フランス革命・産業革命において登場したブルジョアジー（近代市民）が、自分たちにとってリアルな生活感情に触れる文学を欲したところに成立した。大仰な誇張や感傷なしで見た事実を、伝統や形式、修辞なしで叙述する、その散文の精神が、すなわち、過去の因習から解放された市民精神である。近代小説においては、英雄でも王族でもない「テスという食うや食わずの馬車ひきの娘の運命が、エディポス王の運命と同じように重大」であるし、『どん底』の浮浪人や泥棒は、『イリアッド』の神々と同じ重大な役割を背負って登場する。

これは個人の尊厳、実力、自信という基盤の上にできあがった市民社会の文学として、むしろ当然でありましょうが、「人の上に人をつくらず、人の下に人をつくらない」という近代市民社会のデモクラシー精神は、近代小説の世界にもまた、そのまゝ現われているのです。

「研究の手引」コーナーには、「近代市民社会成立の二大要因を言え」という設問が付けられている。つまりこの文は文学史というより、文学を材料とした市民社会論なのだが、ただし両者を分割する発想はあくまで後年の「文学」定義に依拠してのことである。この時期の「文学」は文学内部に閉じるものでなく社会の内で社会を映すものと理解されていた。

この文章も一般的な近代小説＝市民社会を提示するとともに、日本という特殊事情に触れている。日本文学の歴史において、西洋の『テス』や『どん底』の段階に対応するのは、江戸期の町人階級の台頭と井原西鶴の登場だとされている。市民社会成立にいたる歴史が普遍的な歴史とされる以上、それはどのような社会においても共通の発展段階を踏んで進むはずである。進んでいるか遅れているかの違い、『どん底』と西鶴の違いはあっても、地球上のいかなる地域にも共通して対応する（はずの）段階が想定されている。

しかし、実際の歴史は必ずしも理念通りに進むわけではないし、文学史家もそれに気付いていた。ところが、その場合、撤回されるのは理念ではなくて、実際の歴史の方だった。中野好夫のこの文もしかりで、ここで使われるのは日本近代の「ゆがみ」という言い回しだ。「その後日本では、明治にいたるまで、近代小説の発達が西欧のそれのように、ずっと連続的な太い線で発達せず、ゆがめられた戯作者文学になって成長しなずんだ」が、「これまた日本の市民社会の確立がその後順調にいかなかったことと、はっきり対応するものと私は思います」。

理念通り、理想通りに発展しないような事実はその事実の方が間違っているという批判は、歴史記述としてはもちろん理不尽である。だが、近代的個人意識と市民社会の確立が課題とされた戦後のこの時代に、文学史という言説もまた理想を掲げつつ理想通りに進まなかった歴史を断罪する語りの様式に依拠した。敗戦後の社会において、重要なのは理想であったし、文学史は社会的な理想を個人のレベルにまで浸透させるにあたって最も有効な媒体だった。個人意識のレベルをそれを支える歴史・社会のレベルに結びつけて語ることのできる言説だったためである。理不尽な断罪だったとしても、その理想がなければ社会が立ち上げられなかった時代があったのだ。

ただし「近代小説」を目的として進歩する文学史の語りは、文字通り「教科書的」だったことを言い添えておかなければならない。教科書外の言説は、このように現代文学を語っていない。

たとえば戦後派を代表する作家・野間宏は、敗戦の翌年に『暗い絵』『顔の中の赤い月』といった小説をきわめて晦渋な文体で書き、その新しい手法と文体によって「戦後文学」をそれ以前の文学から区別されるものとして確立した。現代の人間はもはや外から静止的に対象を把握する一九世紀リアリズムの手法をもって捉えることはできないとこの作家は考えたのである。現代の錯乱に近い複雑な人間を作るためには、外だけでなく内側からもとらえなければならない。その場合、それまでの日本文学に使われていた直線的な文体を、肉体と心理がとけがたくからみあって流れていくのに照応した屈折の多い、重い文体に変える必要がある（野間『新しい芸術の探求』月曜書房、一九四九）。この文体論はもはや客観主義の近代リアリズム小説の文体論とは異質であり、それぞれが想定する人間像もまた異質である。

また中村真一郎は「古い秩序、市民社会の生んだ、十九世紀的現実主義小説の、方法、提出している現実像、その根底にある現実感は、今日の現実とは、次第に隔たりを大きくしていく」と書いている。つまり近代文学はもはや今日的な課題ではない（「文学的脱出」『展望』一九四七・一〇）。中村は、西欧の一九世紀リアリズムになりそこなった日本の「私小説」が「構想力の未成熟」な小説形態であり「作者は自己の特殊な立場を、普遍との関係において把握してゐない」ことは確かであると認めつつも、だがいかにダメであってもそれなりの近代小説としてすでに完成を示している以上、このうえ西欧近代小説を目標とするにはあたらないという。むしろ「戦中戦後の社会的精神的混乱」の中で、「日常性を支える、伝統、習慣、権威は崩れ、私小説そのものの成立する基盤は失われ」ているのだから、いまさら私小説を克服せよというのはマトはずれだし、真の近代小説を確立せよといった批判も半音ばかりずれている。

また、教材「近代小説の起源と発達　近代リアリズムについて」の筆者である中野好夫についても、教材ではない文章を見ておいたほうがよい。一九四七年三月の『世界』に掲載された論文「近代文学の運命」の前半については、教材となった「近代小説の起源と発達」とほとんど同一内容・同一展開である。しかし、こちらの文には、後半の展開があった。つまり、後半では二〇世紀現代小説の出現を視野にいれた上で、そこから一九世紀近代小説の限界が画されている。「一九世紀的リアリズム」は「性格」の全体性や「因果決定論」に根ざした文学だったが、フロイトによる無意識の発見以来「人間はすでに自己の主人公ではな」い。現代の人間において、すでに性格や個性という概念は解体しており、そうした概念に基礎付けられた近代的リアリズムももはや成立不可能という見解は、教科書空間の外ではめずらしくない。

すると、国語教科書は「既に解体した」文学理念をこれから獲得すべき目標として高校生にあてがっていたことになる。教科書の外の言葉を参照すると、文学の課題ならぬ当時の「教育的意図」の輪郭が見えてくるのだが、国語の教育は、現代文学の実験を目的とするわけではない。教室の文学史は近代社会と近代的主体に適切なイメージを与える言説であり、当然ながら近代的自我なり市民的主体なりが「解体」したり「崩壊」したりすることなど望んでいない。将来の社会をささえる若者にはまっとうな市民となってもらいたいと、教育はそのように願うのである。

3　「私小説」対夏目漱石

外なる権威の支配を受けない「内面」をもち、自己の抱く考えを社会に向けて表明し、言論という理性的な方法によって他人たちとの間に合意形成を行う。このような主体が普遍的な近代市民の姿だとすると、省みて否定すべきものは、自律した個人としての「内面」をもたず、また確たる内面がない以上「外」なる社会意識もまた持ち得ないまま、自然と合一化しているような特殊日本的な「私」である。

さて、普遍的市民主体に対する特殊日本的な私という対比を説明する場合に、非常によく使われたのが日本独特の「私小説」という文学史用語である。本当の近代リアリズムは社会全体を描くものだが、明治期の日本に成立した自然主義は西欧近代のリアリズムを輸入しながらもその精神を誤解して、作家の生活周辺の些末な現実を描くことに終始した。その帰結として日本には「私小説」という歪んだ文学形式を生み出した、という「わが国に特殊な」事情である。「私小説」は文学の問題である以上に、日本近代の象徴だった。

「私小説」という用語は、戦後の言説空間でどのように機能したか。この観点から「私小説」を、田山花袋の『蒲団』からスタートする明治・大正期の文学史に関わる言葉としてではなく、あくまで戦後の言説として位置付けることにしよう。ここでは私小説言説（鈴木登美『語られた自己』岩波書店、二〇〇〇）が明治・大正期の客観的な文学史的「実態」とどれだけズレていたかではなく、言説の水準での現実性、「私小説」を語ることがすなわち「日本近代の歪み」を語ることでもあった戦後当時の言説編成に関心を絞ることにする。国語教科書という文脈において、文学史・文学理論は、普遍を語り、特殊日本を語り、そうした言説の配置をつくり出す役割を果たした。「私小説」＝特殊日本的小説形式という「歪み」の対極には、歪んでいない普遍的作品が想定されるが、「普遍性」と「特殊性」の対が「西欧文学」「日本文学」という別の対と置き換えられつつ、どのように機能したのか、そして国語の時間にどのような主体形成の語りが提示されたのかを見ることにしよう。具体的には、「私小説」に流れていった作家たちと、日本で唯一普遍性に達していたとされる近代作家・夏目漱石という対比の図式である。

漱石の奇妙な位置づけ

夏目漱石は、戦前以来の教科書定番作家だったが、既にみたように、戦後最初期にはその軽妙な話術にひとつのポイントが置かれ、言語技術教材として使用されていた。ところが、「漱石」

の名が間違いなく文学史的な権威だとしても、漱石作品全体のなかでいわゆる卓抜な語りの技法を発揮した作品として教材化されたものは『虞美人草』であれ『野分』であれ、必ずしも文学史上に権威ある場所を占める作品とはいえない。むしろこれらの作品は、近代文学の理念と齟齬を来しかねないものでさえあった。

近代リアリズム小説は、対象を遮蔽幕なしに再現する透明な文体をめざしてきたといえるが、だとすると、華麗な美文体を誇る『虞美人草』のようにことばの綾のレベルが前景化される作品は、その理念にまさしく逆行していた。その点で近代小説運動にとって、この作品は「反動」である。また、作中人物に作者自身の正義の観念を代弁させている『野分』にいたっては、写しだすべき対象、再現すべき現実よりも、作者の頭のなかの道徳的判断が優先させられている。この場合にも、やはり近代リアリズムの理念に反する不器用な処理ということになる。事実『虞美人草』も『野分』も、後年の読者にとって漱石を漱石たらしめているような代表作のリストからははずされ、「漱石」前史をなすような初期作品群として位置付けられてきた。

戦後初期の教科書での「漱石」は、卓越した言葉の使い手だった。つまりこの時点の「漱石」は後年そう言われるような心理小説家でも、人格者でもなく、東西文明の評論家でもない。さらにもっぱら『言語』分冊の中の住人であるかぎり、それは踏襲すべき文例であるかもしれないが、他と代え難い個性を備えた近代的人間精神のあらわれ――当時「近代文学」はこのように説明されていた——ではありえない。言語技術教材として漱石の文を位置付ける解説は、民主化に向けたストレートな情熱によってほとんど感動的だが、しかしその後の高校生用国語教科書のなかで、漱石が「思想家」として重視されるようになったことを思うなら、言語教材という位置付けは奇妙にすわりが悪いのだ。結局この時期の教科書は漱石をどう位置付けるかに苦慮していたように感じる。無視するわけにはいかない文豪ではあるが、しかしどう位置付けていいか分からない。この作家は西欧近代小説を理念的モデルとするこの時期の文学史プロットに必ずしもなじまなかったのだ。

西欧の自然主義文学が近代文学のモデルとして普遍化された以上、その正しき移入にしくじって「私小説」に向かったにせよ、日本の文学史もまた自然主義文学運動を中心軸とするのは当然だ。だが、漱石あるいは森鷗外といった別格の「文豪」は、西欧の最新流行思潮を無批判にモデル化した日本自然主義に追随しなかった。すくなくとも、自然主義文学の全盛期には、それを皮肉な目で見ていた。反自然主義の位置にあった文豪たちの存在は獲得すべき近代性という文学史の物語を破綻させかねないものだったのだ。

普遍と特殊

そのなかで、という限定を付けたうえでだが、かろうじて戦後改革＝再近代化の思想課題にこの作家を接合することに成功した教科書に、秀英出版の『われわれの国語　三』(四九年)がある。この教科書は、岡崎義恵の「漱石の作品に現れた女性」、および生島遼一の「小説と『人間』」を隣り合わせに配置することで「漱石」を近代小説の正統として浮かび上がらせた。教科書は編集の産物であり、もともと関係のない二つの文を一つの単元に収めるが、そのことによって、あるメッセージが余白に作り出される。教科書のレトリックは、編集レベルでこそ発揮されるのだ。

まず、岡崎義恵の「漱石の作品に現れた女性」である。これによると、初期小説で類型的人物を描き、後の長編写実小説で特異な個性を描いた漱石は、晩年になると特殊性と普遍性との結合を目指した、という。初期の類型というのは『坊っちゃん』の渾名で呼ばれるような登場人物や、『吾輩は猫である』の奇妙な名前の人物たちのこと、そして長編の特異な個性というのは『それから』の主人公・長井代助など時代思潮を体現した人物を指すものと思われる。だが、この文について注意したいのは、具体的な作品ではなく、文学を語るための用語として「類」や「個」という論理学の用語が導入されている点だ。

登場人物が「類型的」というのは、型通りで人間的な厚みがないという悪口だとして、一方の「個性的」というのは一般的には誉め言葉だ。が、この場合はむしろその個性が孤立しているために普遍的ではないという否定的な意味合いがこめられている。よって類型から個性へ発展するだけでは足りず、さらに次の段階が必要となる。岡崎によれば、晩年の手記の中には「普遍性だけでも特殊性だけでも完全ではなく、特殊な場合を描いて、普遍的なものを表すべきである」といった用語法が見られるという。岡崎は先の「個性」と「類型」という用語を、「特殊」と「普遍」といいかえて、漱石が最終的に目指した道はその矛盾する両者の統一だったとするのである。

特殊を通じて普遍に至る。このロジックに、戦後初期の教科書にたえまなく流れている通奏低音を聞き取ることもできるだろう。既に見たように、当時の国語教科書は、個人が世界性に至る、あるいは国民文学の特性を通して世界文学に連なる、という弁証法が、さまざまなレベルで反復され、普遍的人間性に準拠した主体モデルを提示していたのだが、岡崎が漱石作品の展開に与えた論理もまたその同型反復と見られるのである。

この文の出典は、戦後に刊行された『漱石と微笑』（生活社、一九四七）だが、同書には「漱石における特殊と普遍」という一章があり、ここで特殊性と普遍性をめぐる漱石的な用語配置がより詳しく説明されている。特殊と普遍は漱石の創作理論だが、岡崎はそこに「自己本位」と「則天去私」という倫理的な用語の対立を重ねている。自己は特殊であり、天が普遍であり、この用語配置によって、創作の理論がイコール倫理の言葉であるような言説構成となっている。

この芸術・倫理複合体にこめられた岡崎の主張を聞こう。漱石の残した「断片」には、「所謂 depth ノアル創作ハカク generalize サレタ truth ヲ代表スベキ particular Case ナリ。model example ナリ」といった創作理論が散見される。漱石は、特殊な事実を描くことに満足しなかった。特殊が特殊にとどまらず、普遍性に帰するとき、そこから単なるリアリティを超えたひとつの思想・哲理が汲み取られるのだと岡崎は述べる。その点で漱石の方法は、「事実」の特殊性にのみ徹した自然主義作家の小説作法と対照的に、単なる事実性以上の深さ・思想性、すなわち普遍性のレベルを志向していたことになるのだ。

ここで、もうひとつの教材の方を見てみよう。岡崎義恵の教材の後には、生島遼一「小説と「人間」」が置かれている。この文はやはり自然主義と漱石という対比図式を用いており、さらにこの対比が、日本の近代小説と西欧の近代小説との決定的な違いに重ねられている。注意すべきは、この文が依拠する用語もまた岡崎義恵と同様の、普遍と特殊、だったことである。

西欧の文学は、ギリシャ悲劇や叙事詩など「普遍的な人間」を描いた偉大な古典を持っているため、近代小説にもやはりおのずと「人間一般」という考え方の血脈がある。だが、その伝統を共有しない日本の文学となると、普遍化・一般化へと向かうより、いつもこの国のある場所、ある時代にしか通じない特殊性へと傾いていく力が支配的だった。しかし、一般と特殊とのバランスが崩れ、特殊事例に傾いてしまうのは、芸術が本質的に一般化を要求する以上は致命的である。日本の自然主義文学時代には、特殊相を描くことが唱道され「類型化」が排斥された。それは一種のリアリズム精神だったにせよ、結局このとき特殊と一般とのバランスを破ってしまったのではないだろうか。親しい友人に向けた手紙の形式で、生島遼一はこのように問いかけている。

特殊なものに向かう日本的傾向を代表する例として、徳田秋声の『縮図』が挙げられている。この作品には人物と環境の事実、日常のこまごまとした部分が細密に描かれるが、その方法では生活のミニマムしかとらえることができず、「人間の生命」はそのときばらばらの断片になってしまう。しかも秋声においては、作中人物の間に遠近法処理が欠けており、細部が突出するために、かえって人間全体が見えなくなってしまう。このように人間生活を一貫させず、寸断し、分解することに真実があるように考えるのは偏っているのではないだろうかと生島は疑問形で語る。性格の全体がとらえられなければ、その人間の日常動作がどれほど細やかに書かれていても、小説としての役目を果たさないのではないだろうか。

注意すべきは手紙で問いかける、という文体だ。生島は自然主義の些末主義はぜんぜんダメだという断定は下していない。日常の細部を選択せずに書くという日本自然主義の方法論には、作者が人間について知っている限度を守り、それ以上に踏み出すまいとする意識的な姿勢があった。一般的な人間や人間性の真実、などというものは存在せず、存在するのは個々の人間であり、その些末な事実のみで、「人間」などを書いたら通俗小説の拵えごとに堕することになる。こうした考えは、是非はともかくひとつのリアリズム小説観として立派に成立しているのだ。生島の文は自然主義の言い分もまた一方の小説観として、理解しようとしているわけだ。理解したうえで、

「通俗小説に陥るまい、そういった危惧が、日本の現代小説には一般に強すぎる」ことを危惧しているのであり、そのニュアンスが手紙での問いかけという形式の内に表現されている。生島は両論併記を心がけ、中立・公正を保とうとしているわけだ。

そのうえで、しかし日本の近代小説はやはり無思想というべきではなかろうか、と続く。自然主義の小説家たちは夏目漱石の小説を「高等学校生徒のおとぎばなし」といって軽蔑したものである。彼らの流儀で考えるなら「バルザックでもスタンダールでもドストエフスキーでも「拵えごと」が多すぎて甘い」のだろう。こうした皮肉を通じて、夏目漱石はバルザック、スタンダール、ドストエフスキーら「世界文学」の普遍性につらなって行き、それを「おとぎばなし」と軽蔑した日本自然主義＝私小説作家たちは世界には通用しがたい、特殊な価値観の持ち主だとされる。生島の結論は以下の通り。思想的内容があるわけでも、公的な性格をもつわけでもない作家個人の日常身辺記事を文学雑誌に掲げるのは「世界に類のない」ことで、こういうものを小説と呼ぶ習慣をやめようではないか、それは随筆・エッセイの類であり、日本の文学ですぐれたものは随筆ばかりということになれば、それもまたいい。

教材配列のメッセージ

生島が近代小説と呼ぶことはできないという作品を、逆に評価することも可能である。秋声らの細部小説が、「人間」の「生命」や人格の全体性といった大文字の理念を拒否するものだったとすれば、まさにその点でより「現代的」だということもできる。実際、一九六〇年代の国語教科書には「性格」という概念がもはや信じられなくなったところから現代小説がスタートする、という評論が教材として掲載されるようになるのだから、これは特にひねくれた見方ではない（第三章参照）。この文の場合も、問いかけを重ねる自信なさげな文体によって筆者自身の意見が相対化されており、これを読むうち、大文字の人間を断念した徳田秋声的ミニマリズムも、なんらかの大きな意味を求めてしまう近代小説などより一歩すすんで見えさえする。普遍性を目指す小説観と、それをあえて回避する小説観があることを認めている生島の文章は、そのため筆者自身が普遍の側に加担しているにも関わらず、その意図に反した読み方をも誘発するように書かれている。いずれにせよ、相対的な立場を確保した文なのである。

しかしながら、生島の文の後に付けられたいわゆる「研究の手引き」には、前課の岡崎義恵の漱石論を参照せよという指示がある。生島の文は西欧文学との比較において日本自然主義を批判するもので、夏目漱石の名はほんの一瞬出てくるだけだ。が、「個性を通じて普遍的なものに触れる」ことを目指したという岡崎描くところの漱石と、「特殊と一般とのバランスを破って」特殊な事実のみに傾いていったという生島の自然主義論との連携によって、特殊日本的な文壇作家たちの作風から一線を引いていた夏目漱石の孤高の姿は、世界性、普遍性に通じる偉大な近代作家として屹立することだろう。その対極には狭く特殊な、日本以外には到底通用しそうにない文壇の住人たちがいる。

まさしく国語教科書は編集の産物である。一教材の内容とともに教材相互の配列順序が無言のメッセージを送っている。二つの評論文の行間に描き出されているのは、ひとつの明治文学史だった。

ところで奇妙に感じるのは、岡崎義恵の文も生島遼一の文も、あまりにうまく国語の時間の一単元におさまってしまう点である。とくに申し合わせたわけでもないのに、みごとな一致があるという事態をどうみたらいいのだろう。

二人の書き手は、実際には別々の時と場所、それぞれの意図をもって文章を書いている。だが、彼らは「普遍」と「特殊」の二項対立図式をはじめとして、文学を語るための用語を同じ言語使用域から引き出し、その語によって文学を切り分ける。岡崎義恵や生島遼一という個別の名前がどうでもよくなってしまうような言葉の在庫が存在しているらしいのだ。それに依拠しなければ「文学」を語ることができないようなある文芸用語の在庫。その語群は明確な形をとって存在したものではないかもしれない。だが、国語教科書そのものがやはりその用語ストックに依拠して編集されており、同時に、その語群を広く普及させるメディアでもあった。

興味深いのは、五〇年代後半になると教科書からこの時期の用語群が一斉に退場し、別の用語によって文学が語り直され再解釈されるようになるということだ。文学を理解する枠組みは、歴史的である。一連の用語を通して問題を問題として切り出し、しかるべく価値評価を下す。自分で考えるという国語科的テーゼにも関わらず、語りの規則に従ってしばしばみな同じことを語っているのかもしれない。ただ、その規則とは、規則が入れ替わったときにしか気付かれず、気付かれないかぎりにおいて、個々人は「自分で考える」。反時代的たることは、やはりたやすいことでないらしい。加えて文学の用語は文学それ自体の内で形成されているわけでなく、他の言説領域との関連を保ちながら流通している。だとすると別の語り方で文学を語るというなら、文学のみでない言説の総体から身をひきはがす必要がある。では、戦後初期に効力をもっていた言説の規則は、いつどのようにして整備されたのだろう。

漱石による「漱石と秋声」

普遍／特殊、世界／国家、西欧文学／日本文学、夏目漱石／徳田秋声、真の近代文学／特殊日本的文壇。いくつもの二項対立図式は、それぞれに置き換え可能であるが、二項図式である以上、対立軸そのものに関わらないさまざまなものをおのずと排除することになる。たとえば漱石／秋声というリアリズム思想の対立軸の可視性が高められるときに、泉鏡花のような非リアリズム作家は思考の外へと排除される、という具合だ。さらに西欧近代文学と日本近代文学との対比が強調されることによって、あたかも日本が非・西欧を代表しているかのようだ。日本社会の「歪み」

をいうなら西欧との対比において歪んでいるというよりも、その図式自体によってつねに死角においやられる他者にとってこそ歪んでいるというべきだ。西欧と日本、アメリカと日本という図式のもとで、戦後の日本社会がアジアの他者を死角に封じてきたことが現在に至るまでどれほどこの社会を歪ませてきたかを改めて問う必要がある。こうして語りの規則は、暗黙のうちに私たちの思考に規制をかけ、多くのものを考え得なくさせている。「平和と民主主義」が絶対擁護すべき理念であるとしても、しかしその理念がどのような思考の枠組みの内に配置されてきたかが検証されないかぎり、それはやはり薄手の理念となってしまうことを私たちは六〇年間で学んだ。

ある時代に生きるとその時代の語りの「規則」を逃れることは難しく、私たちはさして突飛なことを考えつきはしないらしい。といっても、その「規則」は偶然に、いい加減に成立したものともいえ、その点で無根拠な規則ともいえる。先にあげた二項対立のセットのうち、夏目漱石と徳田秋声の対比によって日本近代文学を語るという枠組みの出所を見てみよう。

漱石／秋声、普遍的な思想／些末な事実の集積。この組み合わせを作ったのは、とりあえずは漱石本人である。漱石は晩年の談話で、徳田秋声の小説について語っているが、たぶん岡崎義恵も生島遼一も、そこに見られる漱石の小説判定基準をほぼ共有している。引用しよう。

どうも徳田氏の作物を読むと、いつも現実味はこれかと思はせられるが、只それだけで、有難味が出ない。……「人生とは成る程こんなだらうと思ひます。あなたはよく人生を観察し得て描写し尽しましたね。その点に於てあなたの物は極度まで行つて居る。これより先に、誰が書いても書く事は出来ますまい。」からは言へるが、然し只それ丈である。つまり「御尤もです」で止つてゐて、それ以上に踏み出さない。況して、人世が果してそこに尽きて居るだらうか、といふ疑ひが起る。読んで見ると、一応は尽きてゐるやうに思はれながら、どうもそれ丈では済まないやうな気もずる。こゝに一つの不満がある。徳田氏のやうに、嘘一点も無いやうに書いてゐても、何処かに物足りない処が出て来るのは、此為である。（「文壇のこのごろ」『大阪朝日新聞』一九一五・一〇・一一）

徳田秋声作品のリアリティの質が、他の誰にも達成できない地点にまで達していることを漱石は承認しており、それゆえに多くのリアリズム作家の中からこの作家を採り上げているわけだ。漱石によれば秋声の作品には「フイロソフイーがない」が、それを要求するのは漱石の小説観ゆえである。漱石は「事実其の儘を書いて、それが或るアイデアに自然に帰着して行くと云ふやうなものが、所謂深さのある作物」だと考えており、このものさしを適用したとき、秋声作品には「深さ」がない。おそらく岡崎義恵が使った「深さ」はこのあたりが出所と推定できる。

漱石は「私は、フイロソフイーが無ければ小説ではないと云ふのではない。又徳田氏自身はさう云ふフイロソフイーを嫌つて居るのかも知れない」という両論併記を心がけている。徳田秋声が漱石とは異なる定義を小説に与えていたとすれば、両者はルールの違うゲームをしているに等しく、したがって勝ち負けを競うことはできないのだが、にもかかわらず、教科書が編集レベルで生島文と岡崎文の間に雄弁なる余白を作りだしたとき、漱石的な小説定義の方が普遍化される。漱石の小説定義において秋声を計るなら、それはぜんぜんダメなリアリズムにしかなりえない。

ある理解の枠組みが、文学を語るための匿名の環境として、特に申し合わせたわけでもない戦後の評論家たちに共有されている。それを可能にしているのは、教科書という言説空間だが、その枠組みは作品評価の領域に限定されるものではなかったことに注意しなければならない。夏目漱石／徳田秋声という個別作家の比較は、より一般的な比較、すなわち、真の近代文学である西欧文学／特殊日本的文壇文学の具体化ともいえるし、そのかぎりで特定作家の評価をこえた文学史の問題となりうる。さらにこうした対比は、特殊性／普遍性、国家／世界、普遍的人間性という理念の言葉へと書き換えられていく。その置き換えのプロセスで、戦後教科書の中にしかるべく配置された小説論は、同時に主体形成の語りでもあった。こうした言説環境のなかで、文学に関わる問題が一定の社会的影響力を持ち得ていたのである。文学的言説と社会的言説とは、国語教科書という空間において、それぞれの効果を相互に置き換えることで互いに増幅させることができたのだ。

第三章　占領の影響

1　戦後の「国民文学」論

単元名となった文豪

一九五七年検定の『新国語　総合　二』には「自然と人間」「社会と言語」「思考の論理」「現実の目」「世界の古典」といった単元名とともに、「鷗外と漱石」という単元が設定されている。『新国語』はそれまでの言語系・文学系の二分冊形式をやめて、このとき「総合」教科書となった。文字通り文学テキストであった「文学」分冊が「小説の特質」「評論の精神」「東西の文学」といった単元を設置していたのに対し、「総合」での単元編制は「自然」「人間」「社会」「言語」

などの抽象語を掲げた。これ以前の単元は編集側の理念を熱く語る枠だったが、以後、たいていの文章をどこかしらに放り込むことができるような大きい袋に変わっていく。

さて、そのなかにあって「鷗外と漱石」という単元名のみが、端的に文学の領域を指し示していた。それにしてもこの単元名はどこかバランスを失していないだろうか。他の単元に使われている「自然」「人間」「社会」等、一連の一般的で抽象的な語に対し、「鷗外」「漱石」はたとえ文豪であるにせよ個人の名にすぎない。にもかかわらず、これが他の抽象的一般的な語と同じ水準の一単元をなしている。つまり編集サイドではこの二つの名を単なる個人名以上のものと見なしているらしいのだ。「鷗外と漱石」なる単元名は、いくつかの点で教科書の言説に起こりつつある変動の徴候として読むことができる。

この単元は、森鷗外の『青年』、夏目漱石の『草枕』それぞれの抄録、そして文学史家の猪野謙二による「鷗外と漱石」という評論を収めてワンセットとしている。二つの小説本文を受ける形で、評論がその方向付けをするという構成である。さて、国語教科書が民主化や近代化を語る文学教科書であることを止め、いわば戦後の次なる地平が開かれた時に、二人の文豪にはいったいどのような方向付けがなされたのだろうか。猪野謙二の文はこの時期の教科書におこった変動を端的に示しており、その点で重要な意味を持つものだ。それは文学や教育にとどまらない、戦後社会における一般的な思考枠組みの変化を反映するものだったともいえる。この文は、世界普遍の人間性にいたる道を指し示した戦後最初期の枠組みにおいては、語りえなかった問題点、つまり普遍的近代ではなく日本の近代という問題点を提示しているのである。前章で見たように、戦後最初期の文学史的言説には、その一貫した枠組みにおいては思考不可能となる外部があった。

例えば『高等国語（改訂版）三上』（五二年）に「Ⅲ　文学研究」という単元があった。中野好夫の「近代小説の起源と発達　近代リアリズムについて」（これは前章で触れた市民社会論＝近代小説論である）、夏目漱石「ガラス戸の中」、森鷗外「寒山拾得」、萩原朔太郎「遺伝」などとともに［参考］として「ローマン主義と自然主義」という筆者名のない文がある。古典主義、ロマン主義、自然主義という西欧文芸思潮の変遷を解説したあと、その影響のもとに発達した日本文壇から対応する動きを拾い出す、という文である。他者をものさしにするこのロジックの必然として日本側の記述は「ゆがみ」のレトリックをともなうわけだが、日本自然主義を説明した部分は次の通りである。

（略）国木田独歩・田山花袋・島崎藤村らによって、いわゆる自然主義の時代が招致された。その導火線となったのは藤村の「破戒」（明治三十九年）および花袋の「蒲団」（明治四十年）である。代表作家としてはこのほかに徳田秋声・正宗白鳥・岩野泡鳴らがあげられる。（自然主義文学全盛期にあたり、これと対峙したのは、夏目漱石であり、また森鷗外であった。）

この自然主義運動を通して、従来の戯作者的な態度が一掃され、赤裸々な現実観照に基づく近代散文精神の確立がもたらされた。まことに画期的な功績といわねばならない。しかし、わが国の場合は、（以下略）

以下が「わが国」近代小説の「ゆがみ」「私小説」の話となるが、奇妙なのはカッコの中の文豪二人である。この文学史が自然主義リアリズムを中心軸とするかぎり、それに同調しなかった鷗外・漱石は余分な枝葉のようにしか触れることができない。このように文豪二人を文学史の内なる外部としないかぎり、記述の一貫性は保持できなかったということだ。そして、その奇妙な外部がいまや単元名となっていわば表通りに登場したわけだ。もちろん、これは二人の作家の扱いの問題ではない。

これまでの戦後初期教科書は、自然主義文学運動を近代精神獲得の努力として位置付けてきた。日本においては「歪んだ」にせよ、理念レベルで正しい近代が確保されている。そのなかで「反」自然主義の立場をとった鷗外・漱石はいわば正しくない。しかしながらやはり両者は文豪なのである。日本的自然主義の「歪み」に対し、漱石は真の近代小説を書き得たという岡崎義恵のような書き方も可能だったが、基本的に二人の名は近代に向かう目的論的な文学史の物語と齟齬をきたすものだったのだ。だが、その名がこの時点で一単元をなし、安定した位置を獲得した。

ということは、この時点で、文学史のプロットそのもの、その語りの規則に、大がかりな変動が起こったものと見なしていい。つまり近代という価値概念をめぐって、ある転倒が起こったのだ。

「反近代」の語りへ

猪野謙二は、東大在学中の一九三五年に、立原道造、杉浦明平、寺田透らとともに、同人誌『未成年』のメンバーに連なった。当時の革命運動、反戦勢力は苛烈な弾圧にさらされて壊滅、戦争に向かう時代の動向を止めうる勢力は組織的なものとしてはもはや存在しなくなっていた。この文学史家も、「不安」がひとつのキーワードとなっていたこの時代を経験しなければならなかった文学青年の一人だった。軍隊勤務を経験し復員した後は、戦後初期の民主化革命の空気のなかにあって、いわゆる進歩的な近代文学研究を牽引する役割を果たしている。そして、晩年には文学史家としてのライフワーク、『明治文学史』上下二巻（講談社、一九八五）の大著を完成させた。単独の著者の手になる本格的な明治文学史はこれ以降書かれていないのではないだろうか。尊敬を感じないではいられない文学史家である。

教材となった「鷗外と漱石」は、猪野文学史としてもっともはやくまとめられた『近代日本の文学』（福村書店、一九五二）からその一部分を抜いたものである。この文章を読むと、二人の文豪の名がつねにワンセットとなる理由、そして他の抽象名詞の単元名と同じ水準に並ぶ理由がよく理解できる。二人の名は一般的な「近代化」ではなく「日本近代」の象徴として、個人名を越えた意味を付与されていたのである。

彼ら（鷗外・漱石）はそのころの文学者の中で、ヨーロッパの文学や思想について、最も深く広い教養を持っていましたし、また鷗外はドイツへ、漱石はイギリスに留学したという経験もあるのですが、それだけに、彼らは近代社会——資本主義社会というものの俗悪さや近代人の弱点についても、ほんとうによく知っていたのではないでしょうか。したがってその目でみたとき、当時の日本の悪い所、いやらしい所が単に「封建的」、「伝統的」なもののせいだとは決して思えなかったのではないでしょうか。少なくとも、この点にこそ、彼らが、いわば「いなか者」の自然主義作家ほど素朴に、夢中になって、「近代的」なもの、「ヨーロッパ的」なものにあこがれることができなかった理由があったのだと思われます。

この教材は、前節に検討した文学史プロットの方向付けとはあきらかに異質である。なによりも、ここでは「近代社会」が否定的に語られているのだ。日本の再近代化、つまり「封建遺制」の一掃を第一の課題としていた戦後最初期の言説がここではくつがえされており、鷗外・漱石にとって「近代社会」は達成目標ではなく嫌悪の対象である。近代社会は、自由なる主体が言論の場に登場することによって形成される市民社会などではなく、俗悪なる「資本主義社会」と言い換えられている。そして、歪んだ「私小説」以前の自然主義そのものに欠陥が見出されている。つまり、この評論は、日本社会に残存する封建的なものを克服し真の近代を達成するとき国民は真に解放される、という語りに代えて、日本をすでに近代資本主義国家として認識し、その近代を批判する語りを選んでいるのだ。この文学史において、それまでの教科書を統合していた「近代」中心の語りから「反近代」の語りへの決定的な転換がなされた。それにしても、なぜ反近代であり、「鷗外と漱石」なのだろうか。

それは、実は単純には答えられない。著者の猪野謙二にとっても、この文章が教材に採用されたことは、おそらく深刻な皮肉だったのではないかと思われるのだ。

この文章の出典である文学史は一九五一年、つまりまだ日本が米占領軍の支配下にあった時代に刊行されている。前年に朝鮮戦争が勃発して以来、朝鮮半島を舞台として東西の大国が介入し苛烈な冷戦が進んでいる最中だった。日本の敗戦によって三六年におよんだ植民地支配からようやく解放された朝鮮は、解放と同時に米ソによる分割統治下におかれ、ひきつづき民族の分断と戦争に苦しむこととなり、その間に膨大な数の住民が犠牲となった。一方、占領下の日本は、朝鮮半島へと出撃する米軍の拠点となって、「再軍備」の危機に迫られていた。冷戦の代理戦争の様相を呈した朝鮮戦争は、核兵器使用の可能性さえ語られるに至って第三次世界大戦に発展しかねないことを危惧されていた。

他ならぬその時代に書かれた文学史である。米国主導の対日講和会議を目前にして、日本ははたしてこのまま冷戦の片側に組み込まれる形の「独立」をはたしていいのかという強い危機意識がその動機にあったのだ。が、しかしこの文章が教材となったのは、日本が米国傘下でそれなりに安定した位置を受け容れた一九五八年のことである。その間、日本は一九五二年四月二八日、沖縄を米軍政下に取り残したまま「独立」し、また朝鮮戦争の「特需」をきっかけに急速な戦後復興を果たし、さらには経済成長の時代に入りつつあった。

文章そのものは同じである。が、それが五一年にもった意味と、教材化された時点でもった意味とは、大きく変わってしまう。そのズレは、筆者にとって痛烈な皮肉だったのではないだろうか。筆者はどのような意図をもってこの文を書いたのだろう。そして、その意図はどのように裏切られていったのだろう。この二重の視点から文章の意味を解読しなければならない。

「国民」という主題

猪野謙二『近代日本の文学』が刊行されたのは一九五一年、サンフランシスコ講和条約と日米安保条約が調印される数ヶ月前である。当時、講和問題をめぐって国論を二分する論争がおこっていた。

一九四七年、ソ連・共産主義勢力の伸長を阻止しようとするアメリカの冷戦政策（トルーマン・ドクトリン）がうちだされたが、一九四九年の九月にはソ連が原子爆弾保有を発表、一〇月には中華人民共和国が成立し、世界政治のバランスは大きく変化した。翌年の六月には朝鮮戦争が勃発し、冷戦の舞台となった東アジアの緊張は頂点に達している。すでに米国は日本を共産主義阻止のための「防壁」と規定していたが、この状勢のなかで、米占領軍も当初打ち出した非軍事化と民主化という対日占領政策を自ら取り下げて、逆に反共軍事体制に日本を取り込む方向へと急速に転換していった。

こうした米国の意向に沿って、大樹の陰に入るのが現実主義的な選択だと判断した吉田内閣は、アメリカ側の構想通りソ連・中国を除外した「単独講和」を選んだ。しかし当時の知識人は、冷戦の一方の陣営への加担を意味するこの方針に強く反対し、かつての対戦国すべてと講和をむすぶ「全面講和」を主張していた。

一九五一年九月、日本はいわゆる「単独」の形での講和条約とこれに付随する日米安全保障条約に同時に調印した。この二重の条約によって、「独立」した後も引き続き日本国内に米軍基地が駐留することになり、また、アジアにおける最大の米軍基地となっていた沖縄の実質的な支配権をアメリカが保持することになった。日本がアメリカと軍事同盟を結んだことを不満とするソ連は講和条約の締結を拒否し、また中華人民共和国、台湾の国民党政権はともに講和会議に招請されていない。当時の新聞紙面には、どのような形であれ占領が終わるのを待ち望む気分とともに、今後アメリカの世界戦略の意図のもと「反共の防波堤」として組み入れられる日本の困難を指摘する意見とが同居している。

革新側の論壇は、日米安保と抱き合わせの講和を、日本の独立ではなく米軍基地の固定化、米政府への隷属とみなし、そこでこの時期「国民」や「民族」というナショナリズムの言葉が急速に主題化されたのである。文学の領域でも「国民文学論」が論議となった。

猪野謙二の『近代日本の文学』は、このとき刊行された。あとがきには、この時期の知識人の問題意識がはっきりと書き込んである。この文学史は「日本の文学者たちが……今日のあらたな平和の危機のなかで、日本国民の独立のためにどう戦っているか」を展望するなかで準備された。「平和」と「独立」の危機というさしせまった問題意識が、この近代文学史の動機となっている。親米的な日本政府は日本の土地を米軍基地に提供したが、この場合、米国の軍事方針に追随する日本政府に対し、革新側は日本の自立性を取り戻すことが「国民」のあるべき姿勢だと主張した。この「国民」観に注意しよう。後の時代になると、「国民」は無条件に国家を愛し忠誠をつくす主体という意味を付与される。だが、五〇年代初期の「国民」は国家が誤った方向を選んだときに、それを正す義務を負う「国民」だった。先に引いた「今日のあらたな平和の危機のなかで、日本国民の独立のために」という筆者の言葉もまたこの時代を文脈としている。米軍基地のために人々の生活の場たる土地を提供し、再び戦争の方向に舵を切ろうとしている政府に抗し、「平和」と「独立」を守る。それがこの場合の「国民」であり「ナショナリズム」だった。

しかし、なぜそれが「鷗外と漱石」の反近代であるのか。この時期、文学批評の用語として「近代主義」という言葉が出現している。中国研究者の竹内好は、西欧近代文学を規範として日本の小説の「歪み」を批判する批評方法を「近代主義」と呼び、さらにそれを文学の批評基準にとどまらない日本の近代思想の本質とみて批判を加えた。これはしばしばそう誤解されたような理論上の排外主義や保守主義の類ではない。西洋の理論装置は西洋の歴史経験の中から作り出されたものである以上、それによって別の場での歴史経験や直面する問題をうまく解釈することはできないし、さらには問題の深刻な部分をすくいとることもできない。自らの直面する問題を理解し対策をたてるためには、同時に自らの理論とことばを作り出す必要があるということだ。この批判は、当時、潜在的・顕在的に大きな影響力をもった。その動きが「近代」をめぐる言説をこの時期に大きく旋回させたものと思われる。

前章までに検討した戦後初期の教科書言説もまた、あきらかにこの意味での「近代主義」にほかならない。田山花袋はじめ、日本のリアリズム作家は、西欧のリアリズム小説を模倣したが、しかしそのとき真のリアリズム精神は「歪められた」――各種教科書がそう書いており、教科書に先立って、文壇・論壇に支配的だったのがそうした言説形式だった。それが五〇年代の講和論争の時期に批判対象となったのである。背景には、米国の軍事戦略に追随する政府の姿勢に対する批判、さらには明治以来の日本の近代性に対する自己批判がある。西欧文学の他者性を認識することなく、それをそのまま自己のものさしとした日本リアリズムの無抵抗が、米国に追随する日本政府の非自主性に重ねられた。その姿勢はともに、欧米だけを見て、自分自身がその一員であるアジアに背を向けることになる。それは明治期以来のアジア侵略の姿勢を無反省に反復することに他ならない。

明治末期に、夏目漱石は「現代日本の開化」という講演を行っている。西欧の開化、つまり近代化は「内発的」だったが、日本の近代化は西欧に刺激され、圧倒されながらその後を急ぎ足で追いかける「外発的」な近代化だった、と漱石は述べた。漱石は近代という時代をめぐる語りに、西欧の近代／日本の近代という地理軸・空間軸上の差異を導入したのである。近代は基本的に歴史概念・時間概念であるにせよ、その歴史は西欧と非西欧によって体験の質を違えている。西欧は世界に出航する主体として自らの他者を「発見」し、一方の非西欧は「発見」される客体、「文明化」されるべき客体となる。こうして分割された近代が漱石の視野にも浮かんでいた。

近代精神とはすなわち自律した主体の精神のことだったのであれば、西欧に刺激されその後追いをする「外発的」近代とは、すなわち撞着語法である。漱石はこうした「日本近代」の矛盾をもっともはやい時期に問題として提示した。漱石の名が、五〇年代に重視されたのは理由のないことではない。自主性を回復するために、まずいったんは自主的になりえなかった構造を理解するのが肝要ということだ。鷗外はどうか。こちらの文豪は初期にドイツ留学体験に取材した小説を書き、大正期になると「歴史小説」を書いて日本回帰した。つまり西洋も東洋も知っている、深い教養がある、ということなのだろう。

時代の文脈のなかで捉える

現時点では「国民文学」や「民族独立」といったナショナリズムの言葉に違和感を覚えずにはいられない。「民族独立」は、日本の侵略に抗した中国や朝鮮の問題であり、あるいは六〇年代の第三世界独立運動の問題であっても、侵略の加害経験をもつ日本の側の言葉では到底ありえないように感じるためだ。そうでなくても戦後思想においてナショナリズムは右派や保守勢力の言説であると、一般的に理解されてきた。そのため抵抗の思想として構築されたこの時期のナショナリズムは後年の私たちをとまどわせる。だが、この時代の文脈に分け入って、当時の思想とその構図を復元することは、まさに現在の課題として重要だと思われる。なぜなら五〇年前後に始まった冷戦がとうに終結したにもかかわらず、いまでも日本はこの時成立した日米関係をあくまで保存し、さらには強化したいらしく見えるからだ。そしてかつてと同じくアジアに背を向けようとする。五〇年当時存在していた批判的思想の可能性を捉え直す必要があるのはそのためだ。

この時期の「国民」「民族」には、名目的な「独立」を拒否し真の意味での「独立」を志向するという思想的な意味がこめられていた。あるいは、すべての対戦国との講和締結を、そして冷戦構造に対しては中立を、という意志がこめられていた。この時の「国民」「民族」というナショナリズムの言葉は、排外的立場から発せられたものでなく、むしろ逆に偏りなく国際社会へと日本を開くための基点となる言葉だったのである。もちろん、その後の社会心理は日米安保体制下の安定を受け容れる方向に傾き、また豊かさの意味を経済的豊かさへと一元的に切り縮めながら、その意味においてのみ豊かになっていくのだが、冷戦後の世界構造が問題となるに至って、安定や豊かさという価値について別の通路で思考する可能性がまだ消えてはいなかったこの時期の思想は貴重な資源となるだろう。

冷戦体制下の日本では国際関係すなわち日米関係であり、その心象地理によって日本はアジアに背をむけた。冷戦後にアメリカ一極支配構造が問題視されてからでさえ、その習性に固着している。が、同様に米国の影響下にあった他のアジアはどうだっただろう。長く軍事独裁下に置かれていた韓国は、八〇年代の民主化を経て現在は朝鮮半島での南北和解にむけて対話の努力を続けている。戦争でないなら和解しかないということを正確に見極め、判断した結果のことであり、民族分断と朝鮮戦争の悲劇を骨身にしみて経験してきた人々の、これはいわば危機の経験から引き出された知恵である。日本もまた冷戦期に背を向けてきたアジアに対し不信と憎悪を煽るのではなく、選択肢は和解しかないということを理解する怜悧な知恵に学ぶことができないか。

アジアの視点とナショナリズム

話を戻そう。漱石・鷗外の中には西洋の歴史=他者の歴史を内面化し自己の歴史を見失うことへの疑念と抵抗が保たれていた。が、他の近代作家ことに大正期以降の「世界主義」的作家たちは西欧の文芸思潮史を規範としつつ、かつ、おおらかに近代小説のテーマたる「自己」を語っていた。このように日本において西欧の文化的ヘゲモニーの内面化=文化的植民地化が完成したのだと、五〇年代思想は日本の近代を振り返る。日本の文学者が自己確立という近代思想を演じるときに、それがそのまま自己喪失に転じてしまう。この指摘は近代の基軸たる主体性の思想に対する根元的な批判であり、「近代的自我」を普遍的なテーマとして理解してきた近代文学史に対するショッキングな逆転だった。

戦後初期の言説が「近代」という主題をめぐって構成されていたことは既に見てきたとおりである。国語の教科書もまた、封建遺制を一掃し、自由なる主体が登場する時代という意味での「近代」を普遍的な目的として文学教材を組み立て、近代にいたる歴史を普遍的な語彙で語っていた。「世界文学」とはどの国の文学でもなく未来へむけた理念であるとともに、それを具体化する実作品はロマン・ロランであり、シェイクスピアだった。事実上は西欧文学であるような

「世界文学」の枠組みによって「国民文学」の可能性を開いていくという図式の限界は意識されていなかった。

非西欧地域の人々が経験した「近代」を参照することによって、「近代」の普遍性という思想の枠組みは脱構築されることだろう。その点でも、五〇年代初期の政治状況下でアジアの視点が近代の理解に導入されたということの重要さは再確認されていい。その重要さを十分に汲んだうえで、しかし、抵抗のナショナリズムの言葉の内にも、権威的ナショナリズムに転じてしまうような弱点が交錯していたことを否定するわけにはいかない。

猪野謙二の文章は、教材となった部分に関するかぎり、鷗外の武士的道義感や、漱石の東洋的悟りとしての「則天去私」という伝統的価値を賞揚する方向へと進む。財力を背景とした権力に対する漱石の素朴な反感は、一度は近代資本主義批判へと読み替えられ、抵抗の言葉に接合されたにもかかわらず、それは社会批判に向かわない。これは、一体どのような「近代」を批判しているのだろうか。近代資本主義システムに対する批判を始めるかに見えて、実際には近代個人主義を批判しており、区別が必要な所で論点は混濁し、結局は保守主義の価値に一致していくのだ。システムとシステム内の諸個人の心性とは無関係ではないだろうが、個々人に対して行いを正せと言うのでは、問題の所在を取り逃がすことになるだろう。そして危機の時代が去り、社会が安定と経済成長を受け容れたとき、当初の危機感と動機は見失われ、利己主義と無縁であり続けてきた日本の伝統に帰れ、という命令と変わらないものとなる。

時代の文脈から切断され、鷗外・漱石を語った部分だけが切り出されて教材となったのは五七年（検定年）である。この前年には「もはや戦後ではない」という戦後終焉論議が起こり、「戦後」をめぐる一般的な価値転換が準備されつつある時期だった。書かれた時期と教材になった時期との間にはあまりに大きい価値転換が挟まれていた。意味は文脈に拘束される。だが、文脈を拘束することは不可能である。筆者にとって、それは悲劇にほかならない。が、具体的にはどのような時代の変化がおこってしまったのだろう。日本は焼け跡の時代を脱して、豊かになりつつあった。その時、教育の場はどのように変わったのか。

2　朝鮮戦争期の国語教科書

「（試案）」が消える

一九五〇年六月二五日に朝鮮戦争が勃発した。朝鮮半島は日本の敗戦によって植民地支配から解放されたが、にもかかわらず日本軍の武装解除を名目とした北緯三八度線を挟んでの米ソによる分割占領の下に置かれ、南北に分断された。解放から三年目に大韓民国と朝鮮民主主義人民共和国がそれぞれ樹立され、米ソ冷戦がいよいよ深化していく国際情勢の中でついに冷たい戦争は朝鮮半島を舞台として熱い戦争になっていく。米軍の出撃基地となり兵站基地となってこの戦争を支えた日本では、GHQの指令により警察予備隊が創設された。つまり日本を占領していた米軍が朝鮮戦争に出かけたその後の補充として、日本人による防衛組織が形成されたのである。

朝鮮戦争下に創設された警察予備隊は、後に現在の自衛隊となる。サンフランシスコ講和条約と日米安保条約もまた、この戦争に対応すべく米国主導で設定された。すると、日本にとってこの戦争は、戦後社会の形を決定的に規定するいわば鋳型であったのだ。にもかかわらずおおむね日本社会は、この戦争を「戦争」ではなく「特需」として記憶するのみだった。敗戦後に一度は禁止された兵器生産がこのとき禁止解除となって、軍需産業を中心に日本の戦後復興がスピードを上げたのである。隣国の悲劇を奇貨として、日本は主権を回復し復興を果たすことになる。

日本本土の主権回復と同時に本土から切り離された沖縄は米軍政下に残され、また講和条約と同日に締結された日米安全保障条約によって、本土内の米軍基地もまた継続的に使用されることになった。この状況に対抗して、当時の教職員組合は「教え子を再び戦場におくるな」というスローガンのもとに平和運動と教育理念とを接合した。一方、のちに異例の長期政権となる自由民主党が結成され、一九五五年の結党大会で六項目の「政綱」を発表したが、その第一項目に上げられたのは「国民道義の確立と教育の改革」である。政官界の刷新、経済、福祉、外交など他の項目のなかで、なにより第一に掲げられたのが「教育の改革」だったのだ。そこで目指されたのは、「占領下における教育政策の誤りに乗じて勢力を伸ばした左翼日教組指導部の政治的偏向によって政治的中立性が失われつつある教育を、正常な姿に戻すこと」であった（『自由民主党二十年の歩み』）。

以上、年表的な記述になったが、こうした流れのなかで、五〇年代後半の教育問題は政治問題へと変換されていくのである。保守政党と日教組という対立図式は、この時期以降の教育問題を理解する基本的な枠組みとなっていた。米／ソ間の国際冷戦、日本国内の保守／革新の五五年体制、そして自民党と日教組、左右イデオロギーの対立構図が入れ子型に重なった構造が、教育という場にも深く浸透した。では、教科書にはこのとき何が起こっただろうか。

一九五一年の「中学校　高等学校　学習指導要領国語科編（試案）」には「（試案）」という文字が添えられていた。そして一九五五年の「昭和三十一年度改訂版高等学校学習指導要領国語科編」にはこの文字が消えている。消えた文字には小さくはない意味があった。「試案」として提示された学習指導要領は「この書は、学習の指導について述べるのが目的であるが、これまでの教師用書のように、一つの動かすことのできない道をきめて、それを示そうとするような目的でつくられたものではない」（「文部省学習指導要領（一般編）試案」序論、一九四七年三月）、「学習指導要領は、どこまでも教師に対してよい示唆を与えようとするものであって、決してこれによって教育を画一的にしようとするものではない」（「文部省学習指導要領一般編（試案）」序論、五一年改訂版）というように、この文字は教育統制を避けようとする意志を積極的に表示するものだったのだ。提示された学習指導要領はあくまで教育研究の「手引き」「補助」として位置づけられていた。

が、「試案」の文字が消えた学習指導要領は、何をどのように教えるかについて国家が一律の基準を提示し、現場に対し実質的な拘束を加えようとするものへと転換していく。文部省側では、「義務教育においては、どの地域のどんな学校へ行ってもひとしく差別のない教育を受け」るべきであり、国民全体の教育水準を維持し向上させることは重要かつ当然の課題だと説明している（「広報資料」一九五八年一二月、『戦後日本教育史料集成』六）。つまりここには統制ではなく平等の実現という意味が与えられていた。

一九五一年の「試案」の時代に、国語科の教育目標は「国語は社会においてどのように働くか」という社会生活の観点に立つものだったが、五五年には「国民の生活や文化を維持し、高めるために必要な国語に関する生徒の能力や態度を養うための教科である」とされ、つまり国民生活の観点へと転換している。

後進国の宿命

『新国語　総合　二』（五七年）を見ておこう。「Ⅶ　現実への目」という単元で、島崎藤村の

『家』、長塚節の『土』という二つのリアリズム小説を一部抜粋した後に、参考として唐木順三「日本の写実主義」が配されている。

『家』と『土』のリードによれば、そこに描かれた「近代化途上にある日本社会のありのまゝの姿」は、「ほとんどそのまゝ今日の社会状態に通ずるもの」とされている。つまり近代化の方向付けだが、二作品の後の唐木順三の評論は、こうした言説とは異なる地平で「近代化」をとらえている。唐木の文は「リアリズム文学」「ロマンティシズム文学」の区分から始まる。前者は「対象界の描写、対象界を組織している歴史的、社会的諸条件の文学的表現」を問題にし、後者は「文学をもって不可解なるものに挑むものとする方向」である。「対象界がすでに測定可能なものとすれば、これを自然科学・社会科学・心理科学に任せるがよい。文学とは、一方では、わが胸の底のこゝにある大いなるひめごとに関心せざるをえないもの」「認識界に入りえざる、かの無制約者、無限に向かって憧憬の念を動かさざるをえないもの、そういう科学の及ばないところにこそ、独自の領域を持つものと考える方向」だと、後者のロマンティシズムに思い入れがある様子だ。が、唐木順三は二つのイズムの区別・優劣にこだわりたいわけではないという。筆者の当面の問題は、「わが国の近代文学が、西欧の近代思想の影響を受けて」出発しながら、「いかなる現状を呈しているかについて」考えることにある。

坪内逍遙、正岡子規、そして自然主義文学運動へと展開する日本のリアリズムは、「事実の模写、ありのまゝの描写」を主張した。が、模写・描写という場合、写すべき事実はすでにそこにあるものとして扱われている。こうした「素朴実在論」においては、「対象を対象化するという自我の孤独な働き」は問題とされていない。唐木はここで、エミール・ゾラが「実験小説論」（一八八〇）に応用したというクロード・ベルナールの「実験医学研究序説」から、「観察家」と「実験家」について書かれた箇所を引用する。高校教科書にしてはヤケに専門的だが、当時の教科書についていまさらそれを言うまい。唐木によれば「観察家」は「単に純粋に眼前にある現象のみを確認する」「現象の写真師でなければならぬ」が、一度現象が観察されると「ここに実験家が現れて現象を解釈」するのである。「実験家」は、解釈に基づいて仮説を立て、その予見に沿って実験を設定し、検証する。これが「対象を対象化する」自我の働きだが、対象化には必然的に「自我の孤立」、デカルトのいうようにいかなる場合にも俳優とならずにつねに観客としてとどまろうとする断固たる決意がともなうのだという。が、「わが国の自然主義」は西欧近代思想たる実証主義のそうした背景を学ぶことなく、ゾラの文学を「単に既成の品物」として受け取った。ゆえに実験以前のいわば第一次の「写真師的観察」にとどまって、やがて作者が自身の経験を書くという「私小説」にいたる。それがついに「身辺小説」「心境小説」と同義になってしまった。この事実の背後には実証主義的な方法意識を理解しなかった特殊日本的な事情がある。こうした欠如は「後進国に免れない事情」であり、「自然科学成立の根拠を歴史的に持ち得なかった後進国」が「その正統からゆがまざるをえなかったのは、むしろ歴史的には当然と言うべき」だと唐木は述べる。

以上の文を、既に見てきた文学史教材と等しい「歪み」言説のひとつと理解することもできる。が、日本は西欧近代を輸入するときに、うっかり誤解したという説明であれば、その誤解をはやく正して近代化の正しいレールに載ればいいという展望が導かれることだろう。そうであれば希望に向かう語りとなるが、唐木順三の文はややトーンが違っているのだ。この文の「後進国」という語は、軌道修正すればよろしいというより、もっと宿命的な響きを帯びている。日本は宿命的に西欧ではない。ところがこの認識は、悲観的なトーンを響かせる半面で、日本固有のもの、変わらぬ伝統を再評価する保守主義的な姿勢にもなじむものだった。戦後初期の日本は自己変革をめざしたが、しかし宿命的に日本は日本なのである。かつてほかならぬ日本が支配した朝鮮半島の戦争を好機として経済復興を果たし、ついで高度成長期に進み入ろうとしているこの時期、日本の閉じた独自性、その伝統をめぐる語りが言説の場に回帰しつつあった。重々しい口調で不可変の宿命を語るこの教材は、その動向に逆らうものではなかった。

科目の再編と文学史の退潮

一九六〇年に学習指導要領が改訂された（六三年実施）。国語科に関しては「現代国語」と古典系科目の二つに大別された。それ以前は古典作品も近代・現代の文章も一つの教科書に収められていたのだが、この時期から古典と現代文は別個の教科書として物理的に切り離された。

まず、科目名の「現代国語」である。学習指導要領解説によると「現代国語」の教材として扱うのは「明治以降のもの」とされている。それは「明治時代を近代日本のれい明期と考える常識的な見解に従った」とのことだ。「明治以降」という指導要領の文言は、一九七八年の指導要領で「近代以降」と変更されるのだが、このときの解説書は変更の理由を「「近代」という語が単に時代区分を示すだけでなく、独自な文化や思想が形成され、現代を成立させる基盤となった時代であるという、歴史的、社会的、文化的な価値の意識を含むから」と説明している。

「現代国語」と古典系科目の二大別はどのような意味と効果を生みだしたかを考えなければならない。なによりも、これをもって文学史の連続性が教科書というモノのレベルで二分された。ただし、これをもって公教育は伝統の連続性のイメージを必要としなくなったとは言えない。日本の伝統・文化がはるかな昔からとぎれなく連続し、そして今の日本があるというイメージは、国民的アイデンティティの支えである。すると、前述の通り保守主義の語りが回帰していたこの時期に、文化的連続性のイメージが切り捨てられるということはない。現代国語の教科書から分離されたにせよ、古典系科目の存在によって「伝統」の表象は確保されている。むしろ変転はげしい現代との間で相互浸透を起こすことのない場に取り置かれた古典は、ハイカルチャーとしての位置を獲得することになる。するとこのとき消えたのは伝統文化そのものではない。文化をその歴史性と社会性において理解する理解様式である。

「現代国語」新設の時点で、文学および文学教育の役割そのものが大きく変化していることに注意しよう。六〇年の学習指導要領の解説によると、「いわゆる現代文学史を特別に独立させて学習させない」、「作品の読解が主であって、文学史的な配慮は読解のための参考」程度に収めること、という指示が出されている。それまでは文学史という枠組みが個々の文学教材を支え、また近代的諸価値に対する信念を維持していたことは既に見てきた通りである。が、六〇年・七〇年の改訂を通し、脱文学史という方向性がくりかえし確認され明確化されることになる。「作者ならびに作品の背景などの扱いは作品の読解、鑑賞の参考になる程度」という文言は以後も継続的に提示されている。

高校の課程で過度に詳しい文学史は必要ないという判断は、それ自体として妥当でないわけではない。だが、教科書という言説空間の変化をたどっている私たちは、この時期に後退していった「文学史」が何を意味していたのかを考える必要がある。戦後初期の「文学史」は、第二章で見たように、過去の文学年表的事実をたどるものであるより、近代市民社会にいたる歴史、あるいは普遍的人間性への信頼を象徴し、社会の民主化と個人の主体性確立をはじめとする戦後的な理念を組織した言説だった。戦後初期の「文学史」は、特権階級の専有物だった文学がしだいに裾野を広げ、やがて市民社会構成員のものとなっていく文学民主化の歴史であり、また人間が個性を発見するにいたる精神史だった。その段階的発展の経路とは普遍的な「世界文学への道」でもあった。

六〇年代以降の脱文学史化の動向によって排除されるのは、つまり実際の日本文学の歴史ではない。取り下げられたのは戦後の普遍主義的な理念・理想である。教科書における文学史の後退とは実のところ文学の問題などではない。文学史のみならず、メタ文学的言説が占めていた頁はすこしずつ減少していくのだが、まっさきに消えたのは大きな理念を雄弁に語っていたリードの類だった。それは実際の日本文学とはほとんど関係ないものだったかもしれないが、ともかく教科書はそこに理想を託しており、それをくみ上げることによって当時の「文学」はまばゆいばかりの崇高さを身にまとっていた。個々の作品は実体以上の輝き、つまり普遍的人間性を分有する作品、人間精神と社会が到達すべき目的地としての近代といった価値を与えられていた。そうした諸価値へ文学を方向付けていた「文学史」という言説が取り下げられるとき、「文学」の意味は大きく変質することだろう。

理想へと向かって進む歴史の運動を文脈として位置付けられていた文学が、その文脈たる社会と歴史とから切断される。文学史の抹消は、すなわち文学の脱理想化であり、脱社会化、脱政治化だった。が、これはむしろ政治性が透明化される動きであり、別の形でのイデオロギー生産だったとみるべきだろう。歴史という文脈において社会変化のダイナミズムとの間に接点を保持していた文学は、いまや個々の作品の単なる集積を意味することになる。文学が非歴史的なものとして再定義されたとき、その変更に対応して、作品を手に取る読者主体もまた、歴史とも社会とも接点をもたない孤立した個人として再定義されることになるのだ。この時期、すぐれた文学を豊かに読み味わう、という読書行為が推奨されるようになっている。一つの作品は過去のすべての作品の歴史を引き継ぎながら未来の作品へと繋げていく結節点ではなく、あるいは社会を反映しながら同時に社会へのメッセージを送り返すダイナミックな運動ではなく、孤立した個人が偶然ある作品を手にとって「読み味わう」、いわば静止した名作となる。文学はこうしてそれ自体に閉ざされ、その外部を持たないものとなっていく。文学は文学固有のスタイルによって社会批評を行うことができるはずだが、このように文学が文学自体の外をもたなくなったとき、批評の姿勢を社会へと送り返す回路が失われることだろう。現代の文学は多少貧血ぎみのように感じられるが、それは視聴覚文化の覇権のせいとばかり言えない。

読書の個人化

非歴史化され非社会化された文学作品は、社会と歴史のなかにいる人々が自分の位置を参照しながら読むものではなく、個々人が余暇を有意義かつ文化的にすごすために「読み味わう名作」

となっていく。文学の脱歴史化は、結局のところ文学的行為者の総体をプチブル個人へと成型する作用をもたらした。現代の文学においては純愛小説やファンタジーが主流となっているが、その現状にはそれなりの歴史があるわけだ。個人的な余暇＝娯楽の地位に置かれた文学はそれに対応した読書主体を成型し、この時に創出された普遍的人間ならぬ個人はやがて高度成長期以後の主体性モデルとなっていく。

私的なもの、つまり個々に「読み味わう」べきものへと作品の意味が変化していく徴候として、夏目漱石の『こゝろ』の教材化がある。この作品は後に高校国語教材の定番となるのだが、それほど古い教材ではない。この作品が教科書に登場するのは六〇年前後のことである。

夏目漱石は、戦前からの教材の供給元だった。すでに見たように敗戦直後の教科書では日本で唯一近代小説を書き得た作家、つまり近代性を代表する位置を占めることになった。が、それからしだいに『三四郎』の広田先生や『それから』の長井代助といった知識人型登場人物による文明批評を通し、西欧近代の圧迫のもとで近代化を果たした日本の苦悩を語る思想家へと大きく変容していく。『こゝろ』もまた「明治の精神」に殉ずる主人公をクローズアップした点で、この段階の「漱石」像を体現しているわけだが、同時に六〇年代の教材という視点から教材の意味を読むならば、この作品は日本近代の苦悩以上に、友情と恋愛を扱った小説だったのだ。

友情および恋愛というテーマは高校生世代にとって不変の問題に違いない。が、それが教科書

郵便はがき

恐縮ですが切手をお貼り下さい

112-0005

東京都文京区
水道二丁目一番一号

勁 草 書 房
愛読者カード係

（小社へのご意見・ご要望などお知らせください。）


本カードをお送りいただいた方に「総合図書目録」をお送りいたします。

HPを開いております。ご利用下さい。http://www.keisoshobo.co.jp
裏面の「書籍注文書」を小社刊行図書のご注文にご利用ください。

より早く、確実にご指定の書店でお求めいただけます。

近くに書店がない場合は宅配便で直送いたします。配達時に商品と引換えに、本代と送料をお支払い下さい。送料は、何冊でも1件につき210円です。（2003年4月現在）

愛読者カード

19930-X　C3391

本書名　シリーズ言葉と社会4
国語教科書の戦後史

お名前《ふりがな》　（　　歳）

ご職業

ご住所　〒　　電話（　　）　－

メールアドレス

メールマガジン配信ご希望の方は、アドレスをご記入下さい。

本書を何でお知りになりましたか　書店店頭（　　書店）
http://www.keisoshobo.co.jp
目録、書評、チラシ、その他（　　）新聞広告（　　新聞）

本書についてご意見・ご感想をお聞かせ下さい。(ご返事の一部はホームページにも掲載いたします。)

◇書籍注文書◇

最寄りご指定書店

市　町（区）

書店

(書名)	¥	（　）	部
(書名)	¥	（　）	部
(書名)	¥	（　）	部
(書名)	¥	（　）	部

※ご記入いただいた個人情報につきましては、弊社からお客様へのご案内以外には使用致しません。

のテーマとなるにはある転換が必要だった。この時期の教科書の口絵には、制服を着た高校生たちの写真が使用されるようになっている。東西文明のはざまに身を置く近代知識人の苦悩といったテーマより、友情・恋愛の悩みのほうが、実際の教科書使用者たる高校生にはより身近なのだろうが、この転換に現実のベタな反映を見るだけではおそらく足りない。

一九六〇年の高校生にも当然ながら個人的な悩みがあっただろう。が、彼ら彼女らは友情と恋愛だけに心を奪われていたわけでもない。学習指導要領が改訂された六〇年とは、いうまでもない、日米安全保障条約の改定に反対して空前の大規模抗議行動が起こった年である。この運動を主導した勢力のひとつは全学連を始めとする大学生であり、この時代の学生はあきらかに社会的責任の意識をもっていた。当時の「学生」の意味を現在の感覚で想像することはできない。六〇年の高校進学率は五七・七％（男五九・六％、女五五・九％）、大学・短大の進学率は一七・二％（男一九・七％、女一四・二％）である。この数字も、五〇年代との比較ではずっと高くなっている。進学することができた彼ら彼女らは是非はともかく確かにエリートである。しかもそれは個人的栄達（が皆無ではないだろうが）より以上に、社会改革を志向するエリートだった。当時の学生たちは、社会批判勢力として見過ごすことのできない層である。

するど、この時期の個人化、友情や恋愛に悩む高校生というイメージは、現実を反映するとともに、それだけでなく望ましい「高校生らしさ」へむけたイメージレベルでの誘導という意味をもっていたと考えることができる。社会と歴史に責任をもつ主体がそのような文脈をもたない「個人」となっていく過程は、水が低きに流れるごとき自然な流れではない。

脱文学史化、そして読書行為の個人化というこの時期の国語教科書に起こった大きな変動を見てきた。しかしながら、六〇年の学習指導要領には、もう一つ大きいポイントがある。「実用的な文章、論理的な文章の読みにも、じゅうぶん習熟するように心がけたい」という文言に注目しなければならない。六〇年の時点では、この文言の後に「実用的なもの、論理的なものが強調されても、そのために文学作品の指導がおろそかになるようなことがあってはならない」という配慮が加えられていた。しかし、一九七〇年（七三年実施）の改訂において「文学作品の学習を重視するあまり、時として論理的な文章の学習がおろそかになる傾向が見受けられる」という文言に変わったとき、その配慮もついに消滅した。なにを根拠に文学と論理はそもそも相容れないと判断するのか強烈な疑問を感じるが、それはともかく「論理的な文章の読解力」が改めて強調される背景には、六〇年代の産業構造再編があった。農業国から工業国へ転換するにあたって、良質の技術者の養成が時代の課題としてせり上がってきたのだ。これについては第四章で考えることにする。「現代国語」新設の意味の射程は大きいということのみ、指摘しておこう。次に具体的な教材を検討する。

3　近代から現代へ

近代の終焉と現代の不安

新科目「現代国語」のコンセプトを考えるために『現代国語　三』（三省堂、六四年）の教材編制を検討しよう。この教科書は「現代」という時代を描きだすことによって「近代」の地平を閉じる観点を打ち出している。まず、目次を提示しておくが、単元名等に注意して見て欲しい。「感性」「現代」「今日」といった言葉が使われている。人間性やデモクラシーや「文学」を基調とした戦後初期の単元設定とはやはり構えが違っている。

『現代国語　三』

1　近代の小説

「舞姫」森鷗外

「広田先生――「三四郎」――」夏目漱石

「城の崎にて」志賀直哉

2　社会生活とことば

「話の設計図」斉藤美津子
「ことばと事実」Ｓ・Ｉ・ハヤカワ、大久保忠利訳
「放送と世論」島田一男

3　現代の課題

「三つの物語」Ｈ・コンプトン、岸本康訳
「科学と人間」湯川秀樹
「主体性の確保」城塚登

4　感性の世界

「青樹のこずえを仰ぎて」萩原朔太郎
「わが人に与うる哀歌」伊東静雄
「雨」西脇順三郎
「見ている目」黒田三郎
「抒情の系譜」伊藤信吉
「窓」ボードレール、村上菊一郎訳
「運動」シュペルウィエル、中村真一郎訳

5　論理の運び

「ぼくたちの主張」生徒作品
「わたしたちの主張」生徒作品
「十代の人の問題」手塚富雄
「論説文を書く」

6 今日の文学

「赤い繭」安部公房
「マルテの手記」リルケ、大山定一訳
「静かなドン」ショーロホフ、横田瑞穂訳
「現代文学の諸相」奥野健男

7 伝統と創造

「写真——共同研究——」林屋辰三郎ほか
「日本美術の伝統と現代」河北倫明
「未来の都市」川添登

8 これからの国語

「福沢諭吉と国語の問題」伊藤正雄
「日本語の将来」阪倉篤義

冒頭の単元「1　近代の小説」には、鷗外・漱石、プラス「小説の神様」志賀直哉の小説が収められている。日本における「自我」の覚醒は西欧近代との接触によって触発されたが、それは日本という風土のなかで遂行されなければならなかったため近代小説にはその「苦悩と屈折」の姿が跡を留めていると方向付けられている。つまり、問題意識としては、普遍的な発展段階の目的としてある「近代」ではなく、西洋が宿命的な影を落とす「日本近代」ということだ。注意したいのは、最初の単元に配置されているのは近代小説だが、その後に展開される主要なテーマは近代以後の「現代」であり、単元名に見られる「現代」「今日」「これから」という言葉にもそうした意識が現れている。まさに「現代国語」の教科書なのだが、戦後教科書の流れのなかで、これはやはり時期を画すものといっていい。「現代」という地平を指し示すことで「近代」に終止符が打たれた。戦後初期の教科書が「近代小説」に託して「近代市民社会」「近代個人」を語っていたことを思うなら、これは同時に戦後的理念に終止符を打つことでもあったのだ。

はじめに「6　今日の文学」の最後に置かれた奥野健男の評論「現代文学の諸相」を検討することにしよう。タイトル通りこの教材は「現代」という段階に身を置いて「現代国語」の基調を提示するとともに、戦後初期の教科書に統一性を与えていた「近代」という理想を相対化している。「現代」という視点から、過ぎ去った「近代」はどのように描きだされているのだろう。

奥野はまず、過ぎ去った小説理念として一九世紀近代リアリズムに言及している。

この時代は、個人の自由を求める精神と、社会の自由を求める思想とが一致していた。社会のある部分と、そこにおける典型的な人間を描けば、それがそのまま世界全体を描くことになった。全体と部分、外部と内部とがみごとに照応した時代である。

「現代文学」の方から眺めた「近代小説」は、個人と社会と世界が同心円的に調和しているところに成立した、その意味で古きよき時代の小説理念である。だがそれはもうシャボン玉のように消えた夢となっている。こうした発言は、そのように語る主体を、近代の理想から一歩退いて距離を置き対象化する場に置くだろう。つまり発話主体を「現代」の人間にすることだろう。「近代は決定的に過ぎ去り、世界は第二次大戦を経て現代という未知の状況の中にはいっていく」、「もはや個人の理想と社会の理想が一致し発展するという夢は失われた。そして、近代の終焉、自我の崩壊が叫ばれる不安の時代になった」のだ。

この教材を軽視することはできない。戦後初期の教科書が繰り返し語っていた「個人が社会を通じて世界に参与する」という同心円的調和の夢は実現される前にはかなく消え、主体性をもった個人に基礎付けられた市民社会の確立という社会科的な課題もまたもはや不可能な理念として破棄される。この文はまさしくそうした理想の終焉を告げているのだが、注意すべきはこの見方が決して筆者個人の見解ではなく教科書全体のなかで安定した文脈を与えられていることだ。奥野健男の文は「本教科書のための書き下ろし」と注記されている。近代の終焉と現代の表明は、奥野の孤立した主張ではない。教科書全体の編集枠組みとなっている。

科学技術の驚異的な発達により、技術は人間を離れてひとり歩きを始める。職業は高度に分業化され技術化される。社会は巨大なメカニズムと化し、個人を圧迫し始める。交通・通信・マスコミの発達により、世界は同時化・均一化される。核戦争による人類絶滅の危機にさらされる。政治や社会は、個人や民衆の意志とはかかわりないところで動き、しかも人間の運命を決定する。つまり、人間の内部精神と外部の現実との間に断絶が現われ、世界の全体と部分とが直接結びつかない、人間疎外の状況がさらに深まってきた。

異様に悲観的な語りだが、これに続いて「十九世紀的な素朴なリアリズムへの信仰は失われた」という判決、さらに「現代文学の課題」へとテーマが移っていく。この単元に収められた安部公房・リルケ・ショーロホフの解説とともに、その他、プルーストやジョイスの新しい心理、ロレンスやミラーがテーマとしたセックス、サルトル、カミュの実存など、主として外国文学のなかから「現代的」なテーマが紹介される。そして「わが国」の現代文学もまた、こうした課題を共有しているという。

日本はすでに「現代」というステージに立った。ということは「近代」は既にクリアした教程である。外発的だったがゆえのひずみが生じていたにせよ「日本に曲がりなりにも近代文学が根を下ろし」、その後、現代という段階に日本文学も進んできたのだ。

大正の末から昭和にかけて、世界が近代から現代の状況下に突入するとともに、その波は日本にもいち早く押し寄せた。世界は同時的になり、もはや地域的な特殊性のからに閉じこもっていることは許されなくなった。

簡潔に「世界は同時的に」なったと書かれているが、世界同時性という特異な時間感覚はまさに現代という時代の指標となっている。二〇世紀前半の歴史において、戦争も経済恐慌も、起こったときには「世界」戦争であり「世界」恐慌だった。船や汽車で行けば一ヶ月の距離でも飛行機に乗れば一日で着くように、距離はもう空間的距離ではなく時間的距離に変換され、速度に対して代金を支払う気さえあるなら、そうした人々にとって世界はあなたのものである。通信技術、交通技術の現代化は情報・資本・労働力の移動を加速して、実質的に世界同時進行の歴史を可能にしてしまった。六〇年代の奥野は現在のこうした世界化を認識しているわけではないが、基本的には私たちが今グローバル化と呼んでいるような変動を遠く予期しながら「現代」を描き出している。そして巨大な変動は巨大な矛盾をともない、これに応える新しい文学が生まれることだろう。日本文学においても大正末から昭和にかけて社会変革の思想としてプロレタリア文学が登場し、新しい感覚で現実を捉えることによって現実を再構成しようとした新感覚派が生まれ、文学思想はそれまでの単調なリアリズムからすると一変した。そして教材の文章はこの後「太平洋戦争中の文学的空白期」を経て、戦後派や第三の新人、大江健三郎、開高健の名前までをフォローしている。つまりこの教科書が使用された六〇年代のリアルタイムの文学状況である。

悲観主義と経済成長

「現代」を語るについて奥野には固有のねらいがあった。現代社会にあって文学は果たしてどのような意味を持ちうるのか、それを定義することである。文学とは個人から出発して社会に参与し世界性に至るはずのものであり、その同心円の軸だったはずである。が、近代、つまり個人の理想が社会の理想でありえていた時代が幕を閉じ、つまりそれぞれの円の中心がズレてしまったのだとすれば、そのとき文学はどうなってしまうのか。

文学や芸術は、政治・経済・技術と違い、現代の社会に直接には役立たない、無用のもののように見える。けれども、文学や芸術は、常に人間の側、生命の側にある。社会が非人間的になり、政治が人間の生命を、生活を、自由を圧迫してくる時、文学は常に人間の側に立って、生き生きとした生のいぶきを、自由を主張する。

「研究の手引き」には「「文学とは何か」について、筆者の主張するのは何か」という設問があるが、「文学」は「人間の側」のもの、と答えておけばとりあえず正解なのだろう。この定義にしても「生き生きとした生のいぶき」にしても凡庸な言い方のような気がするが、それも当然だ。「生のいぶき」云々と文学を定義しているかにみえるこの部分は、実は同時に文学でないものを定義しており、そちら側なくしては文学の定義もまた成り立たない。文学を「人間の側」に配備し、その線引きによってこの文は、政治を非人間的なものとして定義する。文学の輪郭は、人間の自由と生命を圧迫する「政治」という観念によって決定されているのだ。六〇年代に入ると、社会や政治の変革などを夢見るのは甘い、というシニカルなポーズが流行し始めていた。いくつか理由が考えられる。

まず、改革・革命よりも経済成長によって社会は豊かになるという心性が戦後的理想を浸食し始めていた。池田内閣の経済成長政策は予想をこえる早さで成功した。それに先立って一九五三年にはテレビが放送開始となり、五六年には週刊誌ブームが起こっている。社会と文化のあり方が大きく変容し、その中で戦後初期の「人民」「民衆」に替えて大衆社会の「大衆」という言葉で人々がイメージされるようになっていた。

次に、世代論。この時期、いわゆる「戦中」世代が論壇登場を果たした。奥野健男は一九二六年生まれで、二〇歳前後に敗戦を経験した世代である。この世代は大正期のデモクラシーも昭和初期のマルキシズムも知らず、社会変革の思想が力を持った時代を知らない。彼らが物心ついた頃には戦争に抗する勢力は弾圧を受けて組織としては消滅しており、それゆえ一つ下の世代は「聖戦思想」の中で人間形成を果たさなければならなかった。この世代は一般的に、敗戦前後で一八〇度の価値転換を体験している。この文章の背景にも、戦後知識人の語った民主主義や革命の夢に同調しきれない世代的メンタリティが存在していたのではないかと思われる。この書き下ろしの教材とほぼ同じ時期、奥野健男は「「政治と文学」理論の破産」（『文芸』一九六三・五）を書き、一世代前の人々の理想の破産を語っている。しかしながら、この時期の言説ヘゲモニー争いを世代対立だけに還元するわけにはいくまい。

第三に、こうした言説再編の背後に、欧米の経済・技術水準を目標とした時代を経て、ようやく「先進国」へと急成長を遂げつつあった日本のイメージがある。この点について、奥野の言葉をたどろう。――これまでの日本は後進社会であり、進むべき未来の方向としてつねに西欧先進社会の手本があった。そのため日本人は何も自分で考える必要はなく、ただ先進国のやり方をトレースして行けばよかった。こうした思考は「後進社会の特徴」といえるが、しかし日本は経済的に成功したことで、むしろ進むべき未来のイメージを失った――。

今や共産主義も多様化し社会主義国も無理想化、無目的化し、保守的になる。工業化の理想が完成し、世界は無目標社会になったという論さえある。技術の異常な発達、分業化、均一化の人間疎外の状況が深まり、世界全体が、未来が見えなくなる。(「「政治と文学」理論の破産」より)

やはりここでも奥野は徹底して悲観的だが、しかしながらこの悲観は経済成長の加速という上昇感覚に裏打ちされており、その点では悲観的口振りにおける自慢話でなくもない。日本もいまでは、欧米先進国とともに悲観を共有できるということだ。

そしてもう一つ。背景には一九六〇年の安保闘争があった。安保改定阻止の抗議行動は空前の規模に広がり、学生・市民を含む――高校生も含む――連日の大規模デモが続いた。人々の抗議は採決を強行した首相・岸信介を退陣に追い込み、その後の保守化をくい止める勢力を形成したが、一方では何十万もの群衆が国会を取り巻きながら安保条約自然成立の時刻を迎えなければならなかった。その意味で、安保反対行動の評価は一様ではない。

しかしこのとき学生組織の活躍が目立ち、この当時の学生運動は市民の支持も獲得していた。

文部省側ではこれを危惧して六月一八日に大学の秩序確立を要望、しかしこの時期には教育政策立案側にとっても、大学管理が自治を本旨としていることを否定はできず、したがってこの問題に乱暴に介入するわけにはいかなかった。ゆえに乱暴ではなく介入する必要があった。学生運動の舞台は大学だが、その前段階の高校教科書に掲載する文として、社会的理想、政治的理想の破綻を強調する奥野的悲観は、筆者の意図がどうであれこうした関心から十分に好ましい政治的機能を果たしたのではないかと考えられる。反対行動にもかかわらず新安保は承認され、個人たちの反対意見は政治決定を覆すことができなかったのは事実である。だが、そうだとしても六〇年の運動の成果を百でないならゼロだと言うことはできないはずだ。前述したが、安保闘争の評価は単純ではない。すると政治的成果はゼロだったという判断自体が政治的効果をもつことにもなろう。つまり文学は「人間の側」だというこの時なされた文学定義も、政治は政治家が動かすものなのだから個人は個人のことに関心をむけよ、という脱政治化へ向けたメッセージとして読むこともできる。それがあながち深読みとばかりいえないのは、他の教材との関連があるからだ。

「4　感性の世界」という単元名に注目しよう。文学は、いまや歴史・社会ではなく「感性」に関わるものとされ、そして感性とは個人的な領域だとされているが、これは六〇年代になって始めて教科書に登場してきた概念であり、それ自体この時期に発明された教育的言説である。文学は個々人が読み味わって豊かな感性を育むものとなり、すなわち文学は社会と歴史に働きかけるのではなく私の感性を磨くものである。

この単元にはまず現代詩人の作品、そしてこれを解説する伊藤信吉の「抒情の系譜」という評論が並べられている。伊藤信吉の文も「(本教科書のための書き下ろし)」であり、そして奥野健男と同様に、近代詩と現代詩を区別してその抒情のあり方の違いを説明していた。島崎藤村以来、近代詩は抒情の系譜を織りなしてきた。それはどんな時代だったか。

これは島崎藤村その人の青春の声であると同時に、時代の青春の歌声にほかならなかった。新しい時代を開こうとする当時の人人（注：頁違い）の若々しい情感や意欲が、これらの作品を通して語られたのである。『若菜集』が時代の新声と言われたのは、このように一時代の人々の生命の歌をだれよりも生き生きと表現したからである。

島崎藤村といえば戦後初期の教科書においては時代の夜明けを告げる特権的な詩人であり作家だった。「新しい時代の新しい人間感情の現われという、多くの人に通じる普遍性があった」のだと、かつての教科書における藤村の位置の根拠を説明している。だが、この文は藤村＝近代詩の解説ではない。その後、抒情の質や内容に時代的な変化が生じたこと、近代的抒情と現代的抒情との違いがこの文の主題である。新しい時代＝近代＝戦後初期は終わった。

朔太郎の口語自由詩には、憂愁、哀傷、孤独感、説明しがたい近代人の心理が表現されている。そして、その朔太郎は伊東静雄の抒情を評し「（藤村のような）春の野に萌える草のうららかな若さではなく、地下に堅く踏みつけられ、ねぢ曲げられ、岩石の間に芽を吹こうとして、痛手に傷つきゆがめられた若さである」と言った。その痛手は「すべての人が懐疑と不安の暗黒世相に生活している」時代の象徴だという。

「暗い時代の詩人たち」、つまり開戦前夜の時代の詩人のなかでも、伊東静雄には情緒の惑溺や甘い感傷ではない「硬質の抒情」というべき特色があるという。つまり抒情の表現に知的要素が加わった。「抒情詩は永久に滅びることのない文学」だが、その情緒の表現には認識や批評精神を含めることも可能であり、現代人の情緒の表現は必然的に知的要素と絡み合う、とまとめている。

ふたつの書き下ろし評論には、「現代」の説明について共通部分が多い。公教育の言葉は「現代」を「近代」のみずみずしさ、輝きを喪失した時代としており、不安、人間疎外、性格を無くした人間、相互につながりのない個人のかき集めでしかない都市生活者の群れ、予測のつかない未来といった暗いトーンでこれを塗り上げる。終焉の物語は、高校生に向ける言葉としては暗いようだが、しかしそのままでこの教科書が終わるわけではない。

対比によるアイデンティティ

近代の終焉、現代の不安を描いたこの教科書は、後半で「7　伝統と創造」という単元を立てている。「写真――共同研究――」「日本美術の伝統と現代」「未来の都市」の三つの評論が教材になっている。

「写真」は林屋辰三郎、梅棹忠男、多田道太郎、加藤秀俊の四人の共著による評論である。外国を旅行する日本人といえばめがねをかけてカメラを肩にしているが、この戯画を裏返して「われわれ日本人」の伝統的精神を語ろうという文である。アメリカ人は日本人の写真好きを冷笑するが、日本人にとって写真撮影は「美的、哲学的伝統の上に立つ現象」である。すなわち「われわれ日本人は瞬間性に価値を認める民族」であり、それを冷笑する「彼ら」は、「瞬間の持つ記録性と芸術性に意味と価値を認めることができない」のだ。

「彼ら」が冷笑する「われわれ」をそのままコピーしてラベルをひっくり返しただけのこの教材には不毛なものを感じざるをえない。「研究の手引き」には、日本の「障子」「すもう」と外国の「ドアー」「レスリング」と対比して、日本人の考え方・感じ方の特色を話し合おう、との指示がある。我々と彼らとの違いに注目し、その対比を強調するよう導いているわけだ。一般的に、自己認識には他者という鏡が必要だといわれるが、欧米と日本、という対比図式の単位は国家である。二つの国家を比較してその違いを強調するときに、その前提として、一国の内部は完全な同質であるかのように表象されるが、多民族国家であるアメリカにも、また相対的に均質と言われてきた日本にも、民族や階級、地域、性、その他、さまざまな差異化の線が走っており、それが複雑に絡み合う現実の日常空間は常に簡単に調整できない矛盾に充ち満ちている。「単一民族国家日本」というイデオロギーが日本内部の他民族抑圧の歴史を覆い隠してきたことを思い起こすべきだろう。均質性のイメージが強化されることで、日本社会の同化圧力はより過酷なものとなってきた。こうしてみると「彼ら」と「われわれ」の、それぞれの内なる差異に目をむけることなく、彼我の間に引いた線のこちらでムキになっているこの教材は深く不毛だ。しかも「こちら」と「向こう」との配分は、きわめて恣意的になされている。西洋の「肖像画」は理想化を通して権威を誇示するが、日本の「似せ絵」の場合には記録性が尊重され、理想化の意図はないと、筆者たちはそういっている。しかし「戦前、日本の家庭に天皇・皇后の御真影が掲げられていたが、これは明治以降、ヨーロッパ思想の影響をうけたためで、理想主義・権威主義の伝統は向こうにこそあれ、こちらにはない」というように、本来「向こう」の特徴であるものが「こちら」の側にも見られた場合、それは「こちら」の本質ではないという。不快な事例の一切は「向こうにこそあれ、こちらにはない」。

筆者たちは、「彼ら」は「われわれ」を正しく表象することはできない、「われわれ」と「彼ら」とは伝統が違うのだからと主張しており、この点で、戦後初期の語り方を枠づけていた普遍主義は完全に消失している。彼らもわれわれも同じ人間である以上いつか「分かりあえるはず」だと、教科書はもう言わない。「同じ人間」がしばしば欺瞞のレトリックになることには注意深くあってしかるべきだ。が、この時普遍主義の語りを取り下げた教科書は自らの外部を持たない独自主義・特殊主義へと閉じていった。そして戦後六〇年がすぎた現在、自己慰撫的な歴史を語るようになった日本に対し、かつて侵略と植民地支配の被害を受けた隣国から普遍性のない国だという批判が上がるにいたっている。

「写真好き」は「われわれ」独自の文化だという場合、「彼ら」の描いた戯画に対する執着と反発は一体である。「われわれ」が誰であるかというナショナリティ構築の文は「彼ら」という他者の目を必要としながらそれを否認するのだ。だがここでは「われわれ」の像を必要とし、また可能にしていた時代性に注目したほうがいいだろう。この時期、自己像を肯定したいという強い欲望があったことが理解できる。この教科書が「近代」から「現代」へという展望を提示しようとしているなら、この文はまさにそのプロセスで発生する問題を暗に示していた。近代は明暗とともに「西洋」発の運動だったとして、その近代を越えた現代という時代に、「われわれ」「日本」は自己を再定義し独自性を主張すべきだと四人の筆者たちは考えたのである。しかしその身振りにおいて「われわれ」はなんとも不毛であり、「彼ら」の作になる表象を裏返すにとどまった。その前提たる近代国家間システムはそのまま保存されている。

美術評論の教材、河北倫明の「日本美術の伝統と現代」もやはり日本文化の独自性をめぐる文章である。美術は翻訳ぬきで見ることができると考えられがちであるが、筆者はこれに疑問を呈している。美術は「世界語」だと言われるが、筆者は美術もまた国民文化の問題と深く接するのだと主張する。戦後初期のキーワードだった「世界」を疑問視するところからこの文は始まっている。「美術というものは、必ずある具体的な民族によって生み出され」、それゆえ「民族の伝統に大きく支配される」のだという。

パリ一流のデザイナーの衣装に関する感覚の鋭敏さは驚くべきものがあるが、そのひとりが日本の着物の着付けを試みた時のセンスは、普通の日本人ならだれしもその不備と不格好に容易に気がつくほどのものであったという。これは当然であって、そういう点に明瞭な感性の伝統が存在しているのである。

「江戸時代まで一つの縦の調和の中で洗練され」まとまっていた日本的感性の伝統に、明治以後、西洋美術の流れが側面からいきなり入ってきた。それは「近代の資本主義文明が各国・各民族をその波動の中に巻き込んでいく経路と並行するものだったため、一種強制的なちからをもっていやおうなしに入り込んだもの」である。近代文明は、具体的には西洋の色合いを持っている。

そこから、以前の日本的感性を「非近代的とする感じ方」が生まれ、「在来の安定した日本的感性から物を見る見方ではなく、むしろ近代西洋文明の圧力に自己を乗せて、そこから物を見る見方」が生まれた。それは「自分自身の確固とした足場のない、はなはだ脆弱なもの」であった。この困難をどうするか。

第一に西洋美術に同調する風潮を反省することである。「そうしない限り、日本美術の健康なすなおな発展はどこまで行っても望めない。いつまでも、根本的に植民地美術の域を脱することができない」。第二に、古い日本の伝統をその可能性においてつかむことである。そこから日本美術は独自の発展経路を発見することができる。そしておそらくこのような感覚は「鋭敏に時代の傾斜に乗っている文化層よりも、むしろ物を言わぬ一般民衆の自然の生活の中に、おのずから流れていることのほうが多いであろう」。

この文によれば、何を「写実」するかの違いが東西美術の違いである。やはり「東西伝統の相違」が問題なのだが、前の写真論ほど粗雑な比較ではなく、ヨーロッパの「写実」に対し、東洋の「写意」を説明している。西洋が感覚される物体としての自然の模倣に意義を見いだしたのに対し、中国の肖像画は写される人物の意義、古代の王の政治的、道徳的問題を重視していた。日本の美術は中国のそれを受け入れたが「そこに生き生きとした生活感情を導入して一種独特の情趣的世界」を設定した。

だが江戸末期から明治にかけて東西の美術がぶつかった。日本画法では円を書いても玉を書いても区別がないと批判する洋画家が登場し、西欧美術、近代科学精神、合理的写実法が導入され、以後、日本美術史においては、日本画と洋画、木彫と塑造といった「もやもやとした二重性」が続いている。

が、「現代の事情はかなりめんぼくを変えてきている」。フォーヴィズム以後の西欧美術は客観的な写実に限界を感じ、主観の再導入を図っている。つまり「大きく見ればむしろ東洋の表現に近接してきた」。最近の前衛美術の主観的傾向は「主観、客観の新しい統合と調和とを、近代的な生活環境のうちに実現しようとする動き」であり、そこから「東洋美術にヒントを得ようとする動きが見えてきたのも決して偶然ではない」。

この文章は、近代的思考様式とその歴史性とを説明の中に組み込んでおり、また民衆的な基盤と結びつけて民族を理解している。その歴史意識において、興味をもって読むことのできる文だと思う。が、この教材を方向付ける「研究の手引き」は「筆者が美術について用いている対立語を抜き出せ」と指示しており、再び無時間的対比へと誘導したがっている様子がうかがわれる。なにより、教科書は編集の産物だ。筆者が言わんとした意味はともかく、教材化されたこの文は日本の自信回復という時代の文脈に置かれていた。戦後復興と六〇年代の高度成長の気分のなかで、結局「日本美術」の伝統は欧米近代美術を凌駕する可能性を秘めている、といった方向を指し示すことになるだろう。

教材の配列とそこに生まれる余白において、この教科書は一貫した物語を提示しているように思われる。獲得すべき普遍的な価値とされた近代は、日本にとっては西洋化のきしみに苦しんだ時代として書き換えられた。そして近代という理念が崩壊したあとの現代的不安の奥深くから、西洋近代の限界を凌駕する日本の伝統というイメージが浮かびあがる。経済的な成功を果たしつつある国民は、自国文化の独自性にもっと誇りをもつべきなのだというメッセージがそこに聞こえてくる。

第四章　市民社会から企業社会へ——一九六〇～七〇年代

1　教育と経済の接合

国家主導か、経済主導か

明治以降の教育は国家主導型で形成されてきた。だから、戦後の教育カリキュラムを検討する場合にも、やはりその時々の教育政策に注目し、それがどのように変化してきたか、その連続、非連続を読む必要がある。が、一九六〇年代以降の教育の機軸をとらえるためには、明治以来の国家主導、という視点だけでは必ずしも充分ではない。経済成長が政策化されたこの時期には、経済界が急速に発言力を強めていった。その後押しを受けて、国家主導の教育政策そのものが経済主導の方向へと構造変化をすすめていったのだ。戦後の教育は民主的社会や人権や平和主義といった一連の戦後的価値と結びつけられていた。が、この時期以降、教育のディスクールは理念ではなく実際的な問題系に、つまり進学、就職、職業に結びつけられるようになった。事実のレベルでも、生徒や親たちの実感のレベルでも、学校は職業配分機構として機能するようになっている。学校が企業社会に連接され再統合されることによって、教育界の全体的図式が変換されていったのである。

五〇年代後半の社会は「もはや戦後ではない」という声とともに、「戦後復興」を越えて「経済成長」へと目標射程を伸ばしていった。一九六〇年には、日米安保条約改定に反対する空前の大規模抗議行動が起こって岸信介を退陣に追いこんだが、その後を受けて登場した池田勇人内閣は「一〇年以内に国民所得を倍増」「今後三年間の経済成長は年平均九パーセントを目標とする」ことを決定した。「政治」の時代は「経済」の時代に転換し、そして一〇年をまたずして目標は達成された。

くりかえすが経済成長政策、所得倍増計画は、六〇年安保闘争の後に策定されたものである。そこには政治的抗議行動の鎮静化という意図があった。注意すべきは、この時「成長」という概念が、「生産」のみならず「消費」の面も含めた概念として再定義されたことである。個人消費の拡大をもって幸福の拡大とみなす価値観が形成され、やがてそれが社会に浸透していった。消費イコール幸福（そして幸福イコール消費）という価値観は、どんな時代にも自明だったわけでなく、六〇年安保後のこの時、歴史的につくり出された新たな価値観である。消費意欲なるものが個々人の内側から発する自然な欲求などでないことは、現在の広告産業の動向を多少なりとも観察していれば誰でも気づくことである。六日間はたらき、日曜には私生活を楽しむ、という生活様式が標準化されるにあたって、この時期の政策の意味は大きかった。

六〇年代には、高校進学率が年々高まり、いわゆる大衆教育社会への変化がはじまっている。一九五〇年に四五・五％（男五四・七％、女三五・九％）だった高校進学率は、六〇年に六〇％をこえて、六四年には七〇・六％（男七三・三％、女六七・八％）、七四年に九〇％に達した。六一年には高校急増対策の予算が計上されたが、新設校の六〇％は工業課程とされていた点で、この時期の社会設計はあくまで産業社会的である。同時に、階層によってはより高い品質の教育を求める、というメンタリティも生み出されていた。

こうした変化にしたがって、国語教科書の理念も染め変えられていった。個人が社会を通して世界性に参与する、または、国語の力は社会の民主化を支える言論の力である、といった方向付けや、日本と西洋の不調和に苦悩した近代知識人といった文学史的テーマは、個々の生徒にとってはあまりに抽象的、あまりに大問題主義的であり、そうである以上、空洞化を避けるのは困難だったことだろう。しかしながら大問題の対極、すなわち消費を楽しむ個人、というモデルが実態に即していたわけでも、自然だったわけでもない。消費社会のリアリティもまた、それがどのような特定の言説の網目において出現したのかが問われるべきだ。五〇年代は「政治の季節」、六〇年代は「経済の季節」という言い方がある。時代の気分というものが急速に非政治化されていった時代、人々の価値観はどのように再編されたのだろう。安保改定に抗議するのではなく消費行動にプライベートな幸福を感じる「大衆」は、どのような水路をくぐってその感性を育んでいくのだろう。

学校と職業配分

一九五五年以来続いた高度経済成長は、一時的な景気後退をはさみつつも一九七三年一一月のオイルショックまでほぼ二〇年もの間続いた。この間、学校卒業生たちの就職条件も上昇し、その過程で学校すなわち進路保障の仲介というイメージが形成されていった。高度成長期を通して、新規学卒定期採用慣行が成立・定着し、学校が入職経路として決定的な位置をしめることになったのだ。

卒業する生徒の職さがしが学校のなかで行われるということは、つまり学校が職安の機能を果たすようになったということである。それ以前は、三月末日をもって卒業し、一日の空白もつくることなくその翌日から就業、というライフサイクルは必ずしも標準的ではない。卒業後しばらく親や親戚の手伝いをして過ごすというケースも少なくなかった。しかし、この時期以降に進行した変化の結果として、卒業までに就職が決定していないことは標準からの脱落を意味するようになった。世代と性差によっては非正規雇用の方が多数となっている現在でさえ、しばしば若いフリーターを甘えた怠け者と見なす発言が聞かれるが、――そして不安定雇用を増加させた「改革」の問題化をさまたげているが、そこにはおそらくこの時期に形成された「標準」の記憶がたゆたっているのかもしれない。この時期、企業の求人票が学校に直接送られるシステムが成立し、それによって学校ごとのランクが浮き彫りになり、また企業社会と学校との結合は高度成長期を通して飛躍的に強まった。それに応じて、人々の生活を支配する企業社会の論理が、学校そのものを規定することになった。

教育と職業が結び付き、学校は職業配分機構となり、階層の再生産システムとなっていく。人々の間に進学競争にはイヤでも加わらざるをえないというイメージが浸透し、競争の勝者にならないまでも高校だけは卒業しておくことが生活安定の条件だという社会的通念が行きわたった。そして、このイメージを支えるだけの実感がこの時代には存在していた。つまり「成長」が続いてパイ全体が大きくなるなら、一人一人の配分もまた増えるはずだというイメージを、社会のマジョリティはそれなりの実感をもって共有した。が、経済成長すなわち幸福とする価値観は、こうしたイメージそのものから切断されていたマイノリティの存在、そして別の形の幸福を構想する想像力やオルタナティブな価値を選択しなかったことを忘れさせるものだったかもしれない。

「人材開発」というまなざし

この時期から教育を「開発」「投資」として位置づける言説が広がり始めていた。所得倍増計画が提示された翌月、経済審議会六〇年答申「所得倍増計画にともなう長期教育計画」が発表されている。

現代社会経済の大きな特徴は、高い経済成長の持続と急速な科学技術の発展に支えられた技術革新時代ということである。この科学技術を充分に理解し利用し、社会と産業の要請に即応し、進んで将来の社会経済の高度発展を維持しつづけていくには、経済政策の一環として、人的能力の向上を図る必要がある。（『戦後日本教育史料集成』七）

財界はもとより教育制度に強い関心をもっていたが、彼らが政策レベルでの発言力を強めるにいたって、教育問題を語るための一連の用語は財界用語へと変換されて行った。すなわち「人間」は「人材」に、「教育」は「開発」になった。

六二年一一月文部省が発表した『日本の成長と教育』には「教育の展開と経済の発達」という

副題が付けられている。「人間能力をひろく開発することが、将来の経済成長を促す重要な要因であり、その開発は教育の普及と高度化に依存しているという認識」に基づいて、「教育を投資の面から、ことばをかえていえば、教育の展開を経済の発達との関連に注目して検討しようと試みた」とされている。「人間能力」「人材開発」というまなざしの転換によって、それまでの理想主義的な教育用語が、「教育資本の蓄積」「教育投資の収穫」といった一連の経済用語に入れ替えられていくプロセスがわかる。

もちろん政策論議レベルの語彙が、ただちに教科書の言葉を変えるべく露骨に導入されたわけではない。だがそれ以前に存在していた一連の言葉、あるいは教材編制は、こうした変容に対応してあきらかに大きく変わっていった。この時期以降、文学を通じて人間性を理解する、といったたぐいの普遍主義的で理想主義的な語り方は、教科書の頁上から消えていくのである。

前章に見たように、一九六〇年の学習指導要領に、国語の教材も文学的な文章に偏ることなく「実用的なもの、論理的なもの」を重視しなければならないという文言が登場する。この方向転換は教育と経済との接合、学校と企業社会の接合から要請されたものだといえる。実際の教材については後に検討するが、いまや国語の時間は民主的な言論社会を支えるためにあるのではないし、個性をもって世界性に関与するという主体形成を助けるものでもない。近代小説から近代市民社会の精神を学んだり、東西文明のはざまに置かれた近代知識人の苦悩に同一化する時間でもなくなった。

企業社会の日本文化論

六〇年代以降の教育問題は、企業の要望とそれを反映した経済構想によって教育それ自体の外側から規定されることになった。六三年一月に経済審議会答申『経済発展における人的能力開発の課題と対策』、いわゆる「人づくり白書」が提出されている。この時期の経済界では、工業化の進展による労働力不足がすでに問題となっており、この答申も学校を労働力供給のための機構と位置づけ、労働市場の構造に直接接続しようとしている。経済成長計画の目標を達成するためには、どのような種類の労働力がどれだけ必要か、それを計量的に産出し、この数値に合わせて、各分野、各レベルの学校制度が拡張され再編される。こうした教育計画論を柱として、そのために教育課程を多様化し、「教育における能力主義の徹底」「ハイタレント・マンパワー」の早期発見と育成など、その後の教育政策にも引き継がれていく案がこのときすでに提示されている。加えてこの答申は、企業の経営秩序は国民の生活全般にわたる意識を規定するという問題意識に立っており、そこでは、労働環境ばかりでなく、生活環境、社会保障制度など、社会政策全体にわたる検討がなされていた。その一環として、教育のあり方もまた改革の対象とみなされたのである。

興味深いのは、「人づくり白書」の論調が、後に「日本型経営」といわれる経営家族主義的な労使関係を目指すものではなかったこと、流動的で横断的な労働市場を展望した欧米型の能力主義をベースにしていたことだ。評価基準としても、年功や学歴による評価にかわって、客観的能力による評価を徹底すべきだと述べている。しかしながらこの時期の経済界は、なにより労働力の不足に頭を悩ませていた。そのため各企業は、一度獲得した労働力を定着させるべく、さまざまな方策を錬った。具体的には、企業内での勤続給・経験給の定着、福利厚生の拡充が進められた。評価基準についても、実際に普及したのは、白書の主張した職務実績を評価する「能力主義」ではない。企業に貢献する忠誠心、前向きな姿勢や人柄など、主観的基準を含めて、あらかじめ限定されていない多様な要請に柔軟に対応できる潜在能力を重視するタイプの評価、結局よりややこしい能力主義が形成された。そして、ここから後に言われるところの「日本型経営」スタイルが形成された。

終身雇用制、年功賃金制、企業内組合といった日本型雇用や日本的労使関係の慣行は、日本固有の文化に根ざしたものなどではなく、一九三〇年代から四〇年代にかけての戦時動員体制のなかで形づくられたものであることが、各分野の研究によってすでに指摘されている。だが、八〇年代まで、国際経済における日本の「成功」は「集団主義」という日本文化論的・イデオロギー的なものと不可分のものとして説明される風潮があった。オイルショックと七〇年代不況から立ち直った日本経済が、世界経済のなかで一人勝ちの様相を呈した時期に、エズラ・ヴォーゲル『ジャパンアズナンバーワン』（ＴＢＳブリタニカ、一九七九）、チャーマーズ・ジョンソン『通産省と日本の奇跡』（ＴＢＳブリタニカ、一九八二）などが刊行され日本型経営に内外の関心が集まったが、これに、相対的に不変の文化ならざる改変可能なシステムだという修正派的立場も交えながら、国内外で企業経営の「日本文化論」が話題化され、消費されていた。当時の一般的な日本文化論ブームの背景にも、集団主義的心性を「文化」として語ろうとする企業人の意識があったことはよく指摘されるところである。

「わが国の国民性」に根ざすという従業員の忠誠心、帰属心などが、経営にとってプラスをもたらすものとして語られ、集団主義的心性によって労使間の対立はうまく調停され、あるいは日本社会に対立などはそもそも存在しないのだという語りが流行した。だが、この「日本的」な体制を支えていたのは高度経済成長という経済環境と、その環境に根ざした求人倍率の高さだった。実際には、七〇年代のオイルショック以降、統計上の数としては操作的に隠されてはいたものの日本においても潜在的無業者は増加しており、低成長のもとでの合理化が進められていたのだが、しかし不況に苦しむ他国経済との対比における「日本の成功」を背景として、日本成功神話の流通は止んでいなかった。

当時の批判的言説も、同じ神話の罠に陥っていなかったとはいえない。八〇年代の日本批判は、日本文化、日本の特殊性、独自性を言祝ぐ言葉のラベルをひっくり返したものになりがちだった。そのため「日本的なるもの」を批判する言葉が、結果的にはそれをより強く実体化することとなった。九〇年代に入ると日本社会においても容赦なき構造変革が進行するが、それまで「日本的集団主義」を批判していた勢力は、潮目が変わりゲームの規則が変わったその瞬間を見落として、「改革」を気分的に後押しすることになった。批判の側で神話と実態を取り違えたことはやはり大きな失点だった。

ナショナリズムと財界

企業経営者の日本文化論は、歴史的な構成物である。その形成にあたって経済界はナショナリズムを借用した。一九六五年に「期待される人間像」が公表され論議になったが、この答申の担当主査として起草にあたったのは高坂正顕で、この人物はかつての京都学派の一員として「世界史的立場と日本」の座談会に参加し、言論報国会理事に就任するなどの戦中活動によって知られていた。論議を引き起こしたのは、まず教育基本法に対する批判や、正しい愛国心をもつ、象徴に敬愛の念をもつなど、もっぱら復古調の文言だったが、臨時委員の中には出光佐三や松下幸之助ら、財界人が含まれていた。この答申は財界の意向を反映したものでもあったことに注意が必要だ。戦後の「愛国心」教育は、戦前国家への単純な郷愁によるものだったわけでなく、その方向付けには経済社会の要請が重なっていた。

　六〇年代には、経済成長路線の要求する能力主義に基づいて「人間能力」の測定・選別の方向が打ち出された。だがそのプランの通り、有能／無能の線引きが行われ、社会に亀裂が生じた場合、やがて深刻な社会不安を醸成するであろうことは容易に予想できることだった。そのため社会的亀裂を糊塗するような理念が要請されたのだが、そこでナショナリズムが再利用され復古的論調が呼び出されることになった（山崎政人『自民党と教育政策』岩波新書、一九八六）。一方の能力主義は選別・分断の論理、他方の愛国心は同質性に基づく統合の論理である。二つの論理が同時に展開したならずいぶんとちぐはぐなことになりそうだが、むしろちぐはぐな論理であるからこそ相殺機能を期待されワンセットで使用されたのだといえる。戦後のナショナリズムは、高度な資本主義社会におけるそれであり、つまり社会構成員を動員するためというよりも、成員間の深刻な分断を糊塗するためのものという性格をもち、その点に戦前型ナショナリズムとの違いが認められる。現在のナショナリズムもまた、基本的にはその背後にある深刻な社会的亀裂から注意をそらすものと見ていい。

　八〇年代臨教審の「教育の自由化」方針においても、ナショナリズムが利用されていた。自由化＝規制緩和はいわば統合解除の方向付けだが、この方針は一見それと相容れないような国民的アイデンティティの賦活と二つセットで提示されていた。国家的統合の後退と国家の存在強化との間の矛盾したワンセット化の事例は、六〇年代のこの時期以後、繰り返されてきたものであり、現在、教育現場を含む社会全体のなかで進行している改革についてもこの反復が観察される。九九年の国旗国歌法制化以来、教育現場で思想信条の自由を擁護する教員に対して処分を含む苛烈な圧力が加えられているが、そのタイミングはグローバリゼーションを背景として自由化・民営化が進行し社会不安が高まったときだった。現れとしてはまさに戦前型の弾圧だが、動因としては現代的である。国家によって切り捨てられる層の不安が逆に国家支持へとふり向けられるという矛盾、やれきれない矛盾がそこに生起している。ただし、八〇年代以降、企業の海外進出とともに、日本は急速に軍事化を進めており、この視点からすると現在のナショナリズムも亀裂をごまかすだけのものすなわち内政問題とばかりはとうてい言えなくなっている。海外での武力行使を可能にする改憲論の動向と同時進行で教育基本法の「改正」が検討され、教育目標として「国を愛する心」を盛り込もうという主張が表面化している。これはすでに国のために命を捨てる、すなわち戦時ナショナリズムの準備と言うべきものではないだろうか。

2　公害と環境問題

六〇年代以来、学校は企業社会と緊密に接合され、企業社会に向けて卒業者を成型し送り出す機関となっていく。このシステムは、かつてフーコーが「生の権力」として描いた権力モード、つまり個々人の安定した生を保障することによって、社会秩序の安定を増強させるという連関にあてはまる。個人の生と社会体の生との緊密な連関にもとづくこうした近代的な権力のモードはとくに日本的ではないが、しかし社会保障をカバーしたのが、社会国家＝福祉国家というより企業だった点は特殊日本的な特徴だといえる。その特徴が高度成長という条件の下に形成されたものである以上、低成長からさらに不況期となれば企業は企業の論理において社会保障体制から手をひくことになる。そして、企業任せにしたためにもとより手薄であった公共の社会保障制度が、さらに「大きい政府」批判を受けて削減された場合、充分な個人資産の蓄えがある階層はともかく、そうではない普通の人々は不安なしで生きることはできない（後藤道夫『反「構造改革」』青木書店、二〇〇二）。

また、日本の企業が労資間の抗争や対立と無関係であるかのように語られた七〇年代を通して、経営側と交渉をおこなうべき労働組合は解体し、労働者という主体は、集団としては溶解してしまっている。協調的な集団主義という「神話」が言説の水準で効力を発揮し、人々にとって実際に必要な集団を破壊したわけである。現在の労働者はリストラの不安にたえまなく曝されながらも個々人へと分断されて交渉の主体たることができにくい。これもやはり「日本文化」神話の負の遺産といえるだろう。神話は現実ではないが、しかし現実的な効力を生み出してきたのである。

政治と経済の場で実効的機能を果たした「日本文化」は、どのように構築されどのような文脈に配置されたのか。この視点から、国語の教科書にあらわれた文化論について考えよう。

「人間」を取り戻す

前節でみたように、六〇年代以降の教育政策においては「経済」が主要な軸として打ち出された。しかしながら、その予期せざる帰結として、七〇年代にかかる頃から社会は「公害」がもたらした深刻な破壊に向き合う必要に迫られた。経済成長＝産業化の過程で、容赦なき自然破壊が進められ、経済成長の輝かしい果実も、そのために重ねられた莫大な負荷を覆い隠すことはできなかった。環境庁が発足したのは七一年の七月である。

『新版　現代国語　1』（三省堂、七二年）には「7　自然と人間」という単元名で、石牟礼道子による水俣病の記録文「もう一ぺん人間に」、唐木順三「おそれという感情――ある泉のほとりで思ったこと――」が収められている。単元の末尾には「「自然と人間」の関係について、諸君は何を見、何を感じ、何を考えたか。「もう一ぺん人間に」と「おそれという感情」の学習を通して得た考えをまとめてみよ」、「諸君を取り巻く環境としての自然について、訴えたいと思うことを、次の文章を手がかりとして二千字程度の意見を書いてみよ」という「手引き」が付けられている。石牟礼道子、唐木順三の二つの文章は、ともに環境問題、公害教育関連の文として位置付けられていたことがわかる。

石牟礼道子の「もう一ぺん人間に」は、『苦海浄土』の第三章「ゆき女聞き書き」から適宜抜粋され再構成された教材である。章題にあるように、この文は「ゆき女」、すなわち坂上ゆきという水俣病患者からの「聞き書き」の形をとっている。ただし患者から聞いた言葉そのままではなく、その内には、石牟礼の立場から書かれた文、発病にいたるまでの経緯をゆきやその夫、地域の人々の声に近い文体で再現した物語の部分、そして患者を「三十七号患者」や「患者番号十八」と呼ぶ解剖所見の医学の言説、そして生死のあわいから届けられたかのようなゆきの声が相互に響きあっている。異質な声を混在させた、その文体じたいに思想が備わっているというべき文章である。工場と政府によって放置された公害のために到底納得のいかない死を死んだ者たちの姿は悲痛というほかない。そして、その死を描いた文章が、比類なく美しい。その美しさに、読む者はとまどいを感じる。それぞれの声を引用しておきたい。

《三十四年五月下旬、まことに遅ればせに、初めて私が水俣病患者を一市民として見舞ったのは、坂上ゆき（三十七号患者、水俣市月の浦）と彼女の看護者であり夫である坂上茂平のいる病室であった。窓の外には見渡す限り幾重にもくるめいて、かげろうが立っていた。（中略）五月の水俣は芳香の中の季節だった。》《私は彼女のベッドのある病室にたどり着くまでに幾人もの患者たちに一方的な出会いをしていた。一方的なというのは、彼らや彼女らのうちの幾人かはすでに意識を喪失しており、かろうじてそれが残っていたにしても、すでに自分の肉体や魂の中にはいり込んできている死と鼻突き合わせになった格好になっており、人々はもはや自分のものになろうとしている死をまじまじと見ようとするように、散大した眼を見開いているのだった。半ば死にかけている人々の、まだ息をしているそんな様子は、いかにも困惑し進退きわまり、納得できないという感情をとどめていた。》

《「天草女《あまくさおな》ごは情の深かとじゃけん。」そう言って茂平の網の親方がゆきを世話してくれてから、発病するまで三年と暮らしていなかった。娘たちを嫁にやってしまうまでりちぎな彼は長いことあとを入れずにいたので、「やっぱり向こうも後家で子も連れとらんそうじゃ、気さく《（気質）》は良し、手はかなうとる、きりょうも漁師のかか女には上の方じゃ。相手がおらにゃ舟も出ん、もらえ。」と親方が言ったのである。》

《そのゆきが夕食をしまえて針を持ちながら、時々首を振って、しきりに目をこするようになった。》《だんだん口重くなって、考え込んでいるふうである。五月のたこつぼを揚げながら、ゆきはひと言ずつくぎりくぎりしながら言った。

「あんた、うちは、このごろ、なしてか《（どうしてか）》、ちいっと、力の弱ったごたる《（ようだ）》。このつぼも、一心に、揚げよるばってん《（揚げてるけど）》、なしてか、網が手の先はずれて、ひじも、力がはいらん。婦人科の、悪かごつもなかが《（悪いようではないが）》、どうしてやろか。」》

《茂平の厚い胸は動悸を打ち、ふたりとも黙ってしまった。ゆきが嫁に来た年とすれば、ここ二、三年漁が減ったと部落じゅうが言いだしていた。そう言えば茂平も自分の漁場を見捨てて、天草育ちのゆきの櫓に導かれて場所を変えている。

部落の高台にある網の親方の家から、

「おうい、魚のたおるるぞう。」

という呼び声も久しく聞かないのである。》

《ねこたちの妙な死に方が始まっていた。部落じゅうのねこたちが死に絶えて、いくら町あたりからもらってきてさかなをやって養いをよくしても、あの踊りをやりだしたら必ず死ぬ。》

《国道三号線は熱いほこりを静めて海岸線に沿って伸び、月の浦も茂道も湯堂も、部落の夏はひっそりしていた。子供たちは、手ごたえのないさかな取りに飽きるとなぎさを走りだす。岩陰や海沿いに続くわき水のほとりで、小ざかなを取って食う水鳥たちが、口ばしを水につけたまま、ふく、ふく、と息をしていて飛び立つことができないでいた。子供たちが拾い上げると、だらりと柔らかい首をたれ、せつなげに目をあけたまま死んだ。》

《昭和四十年五月三十日
熊本大学医学部病理学武内忠男教授研究室。
米盛久雄の小さな小脳の断面は、オルゴールのようなガラス槽の中に海の中の植物のように無心に開いていた。薄いセピア色のさんごの枝のような脳の断面に向き合っていると、重く動かぬ深海が開けてくる。

ヨネモリ例ノ脳所見ハヨクコレデ生命ガ保テルト思ワレルホド荒廃シテイテ、ダイノウハンキュウハ――大脳半球ハアタカモハチノ巣状ナイシ網状ヲ呈シ、ジッシツハ――実質ハホトンド吸収サレテイタ。……》

《米盛久雄、昭和二十七年十月七日生まれ、患者番号十八、発病昭和三十年七月十九日、死亡年月日、昭和三十四年七月二十四日、患家世帯主米盛盛蔵、家業大工、住所熊本県水俣市出月、水俣病認定昭和三十一年十二月一日。

水俣市役所衛生課水俣病患者死亡者名簿に記載された七歳の少年の生涯の履歴は、はかなく単純ですっきりしていて、それは水槽の中のセピア色の植物のような彼の小脳にふさわしかった。

この日私は武内教授に願い、ひとりの女体の解剖に立ち合った。

——大学病院の医学部はおとろしか。

ふとか《大きい》まな板のあるとじゃもん、人間ば料《こさ》えるまな板のあっとばい。

そう言う漁婦坂上ゆきの声。

人間な《は》死ねばまた人間に生まれてくっとじゃろか。うちゃ《わたしは》やっぱり、ほかのもんに生まれ変わらず、人間に生まれ変わってきたがよか。うちゃもう一ぺん、じいちゃんと舟で海に行こうごたる《行きたい》もん。うちがワキ櫓ばこいで、じいちゃんがトモ櫓ばこいで二丁櫓で。漁師の嫁ごになって天草から渡ってきたんじゃもん。うちゃぼんのう深かけんもう一ぺんきっと人間に生まれ変わってくる。》

長い引用となったが、それでもこの場では断片的にしか引用できないのがとても残念だ。『苦海浄土——わが水俣病』を手にとって欲しいと思う。

水俣病の第一号患者が発見されたのは一九五三年、公式確認から公害病認定に至ったのが六八年だが、その間の一二年、排水はそのまま流され続けていた。チッソ水俣工場が自らの非を認めたのは訴訟判決が出された七三年、つまりこの教科書の使用開始の年である。水俣病の歴史は、行政、企業、市民が真実を隠そうとしてきた歴史だったといえる。経済優先とひきかえに「人間」へのまなざしは極度に希薄だった。「うちは人間がなつかしゅうてならん」というゆきの言葉は、教科書の戦後史をたどってきた私たちの気持ちを波だたせずにはおかない。戦後初期から二十数年を隔てて「人間」という言葉が戦後教科書にふたたび現れ、それが彼岸からとどいた水俣の言葉の中に現れたということに胸を衝かれる。かつて教科書は、言葉がちがっていても人間であれば分かりあえる、普遍的人間性にふれることができる、と抽象的に語っていた。ところが水俣からの声は、その「人間」をもう一度呼び返しつつ、その普遍性の質を問い返してもいるのである。もう一遍人間に、というときの「人間」は、一度奪われ破壊されたそれであり、破壊したのは公害を出した企業でありそれを放置した行政であり、そして経済成長という価値を幸福につながるものとして肯定した市民たちによって構成された戦後社会にほかならない。そのすべてから取り返すべき「人間」として、この言葉はいくども回帰する。それは取り返しがきくものではない生命の悲痛な声による「人間」である。

こうして戦後教科書の空間がその始発点にさかのぼって問い返された。それはいわば「告発」だが、その身振りは同時に「人間」を取り戻すべき価値として再定義する身振りでもある。おそらく石牟礼の文は戦後教科書の空間に配置されつつ、その全体を見詰め返すような力を持っているのだ。水俣の言葉の響きは失われた海の香を思わせ、かつ解剖所見の硬質の言葉に交差している。文体相互の差異を通してなにかが響いてくるかのようである。「聞き書き」は、聞いた声をそのまま書いたということを意味していない。死んだものの声を聞こうとし、それを書き留め、物語の場をもってその声に共振しようとすることで、殺された一人一人の彼ら・彼女たちのために場所を確保しようとしているかのようである。この教科書の改訂版でも使用されたこの教材には「研究の手引き」として「この文中の方言と学術用語とは、どんな対照的効果を生み出しているか」という設問がある。方言はその声で語っていた者たちと、その声が行き交っていたかつての水俣の海を場として幻出させるが、学術用語はそうした声で語っていた者たちひとりひとりの生涯をも病理学の一般性へと回収する。そのあわいからむしろ失われたものが幻のように浮かんでくるように感じる。

近代批判の抽象性

石牟礼道子の文と一組で単元を構成している唐木順三の「おそれという感情」を見ておこう。「近代や近代化を批判し、近代が人間をいかにアトム化し、矮小化したかということを考えてみるべきである」という近代批判が趣旨である。

八ヶ岳の西麓に豊かな水をたたえた泉があるが、周囲はジュラルミンの柱で囲われ立入禁止になっている。ハイカーがあたりを荒らすためだというが、そこから筆者は「水と人間、水と日本人」のことに思い及ぶ。「豊葦原の瑞穂の国と自らの国を呼びならわした、水の国の日本」において、水への尊敬の念は日本文化の一つの特色をなしていたが、水道の蛇口をひねるようになった人間は、もはや水に対する尊敬、神聖なる場所に対する「おそれ」の感情を持たない。「おそれ」とは「ある偉大なるもの、人力や人知の及ばないものに対する畏敬の念」だが、この感情が失われた。そしてこの文は次のような方向へと転調していく。

このごろ「話し合い」ということばが流行している。話せばわかるという前提に立って「話し合う」ことによって、わからないこと、むずかしいことを処理しようとしている。それは一方でよいことである。（中略）同時にしかし他方では、話し合いによって万事処理できるというような僭越を、無意識のうちに呼び起こしてきている。

「話し合い」の精神とは人知を超えるもの、神聖なものを認めまいとする精神だと筆者は述べる。筆者にとって問題なのは、美しい泉のわく所にジュースの空き缶を捨てる行為ではない。それをどう理解するか、である。

世間は右のような所行を往々にして公徳心の欠如ということで説明しようとしている。……わたしがここで特に問題にしているのは、社会道徳や公徳心という人間と人間との関係だけではなく、人間と人間を越えたものとの間の関係、また自分と自分以上のものとの関係である。

筆者が憂慮するのは、観光地に空き缶を捨てる自然破壊行為ではなく、むしろそれを公共心の欠如として説明する近代的感性なのである。人間と人間を越えたものとの間の垂直の関係に基づいた「おそれという感情」の復権を説く唐木順三は、その観点から人間と人間との間の水平の関係を基礎にした公共心を批判する。水平の関係には、神聖なもの、人知をこえたものへの畏怖が欠如しているためである。それは「水の国の日本」にとって本来的ではなく、デカルト以来の理性信仰を輸入したことの帰結である。「近代という時代は、いわばおそれの感情・情緒を払拭することにほかならなかった」。が、それは「日本」的ではない。

それがヨーロッパの近代の特色であるが、ヨーロッパはその科学技術的先進性のために、世界の優位に立ち、ヨーロッパの近代がすなわち世界の近代ということになった。日本の近代化は敗戦後においていよいよ促進されてきたのだから、おそれなどという感情が青少年の間から消えていったのもまた当然といえば当然であろう。

この文のテーマはどうやら環境問題ではない。「ヨーロッパの近代」の移入によって変質してしまった日本を憂える文というべきものだ。そして、こうした文が前述の石牟礼道子の文と並んで同じひとつの単元に括られることで、そこにある文脈が形成されている。石牟礼文に付けられた「研究の手引き」には「この文中の方言と学術用語とは、どんな対照的効果を生み出しているか」という設問がある。すなわち方言と学術用語は「対照的」である。一方、隣接する唐木文は「ヨーロッパの近代」を「科学技術的先進性」にポイントを置いて説明している。つまり、単元の論理によって、石牟礼の文における「方言」と「学術用語」の対比は、唐木文の「日本」「ヨーロッパの近代」の対比に重ね合わせて理解するよう水路付けられている。文明批評を旨とする唐木の文が石牟礼の文の理解枠組みとして機能するとすれば、その結果、水俣の問題は「デカルト以来の理性信仰の帰結」として理解されうるものとなる。それは特に間違いでもないだろう。が、しかし水俣病患者の悲痛な死の具体性に対し「デカルト以来の理性信仰」はどうにも手触りが迂遠である。デカルトよりもずっと近くに責任者がいるはずだ。

もう少し、二つの文の関連について考えておきたい。

唐木の文は「話し合いによって万事処理できるというような僭越」に批判的である。ヨーロッパ近代の覇権によって日本は本来性を喪失したというが、話し合いや公共性という価値観はヨーロッパ近代のもたらした災厄であって日本本来のものではないという言い方には疑問を感じる。

その場合、「方言」の文化に根ざした話し合いもありうるということや、また、ひとつひとつの生命と人間性とを根こそぎに破壊された存在について想像をめぐらすような根本的な公共心の重要な可能性が封じられてしまうのではなかろうか。一方に伝統や方言の世界があり、一方に話し合いと公共性の世界があり、それが截然と二分されたうえで古来の日本と西欧近代との対比を強調する紋切り型の言説に回収されたなら、思考の幅が一挙に規制されてしまう。

唐木の文では、「話し合い」が「流行」の言葉とされ、話し合いで万事処理できるという人間の僭越を呼び起こすものだとされている。しかしながら戦後初期からの国語教科書をたどってきた私たちは、かつて話し合うことは民主主義の根幹としてもっとも重要視されていたことを知っている。するとこの教材は、国語教科書の戦後史に決定的な転換を告げていることになる。公共性の創出と維持から、伝統的・宗教的感情の尊重へ。社会構成の理念は、百八十度、大きく旋回している。しかしながら、公共的なものと伝統的なものとは、水と油のごとく相容れない二つの質ではあるまい。それを二分する言説規制によって、思考できなくなるのはどのような領域だろうか。

水俣病の被害者は互助会をつくって一九五九年末にチッソとの合意を取り付けた。が、被害に対する支払いは到底充分ではなかったうえに、補償というより見舞金という性格のものだった。補償金であれば被害者が受け取る当然の権利という意味を持つが、「見舞金」という用語はむしろそれを政府と会社の温情、恩恵としてイメージさせる。被害者は「見舞金」をもらって黙ったわけではない。新潟の水銀汚染被害者が訴えをおこし、次いで四日市大気汚染事件、富山カドミウム公害事件が続き、公害が社会的に広く認識されるようになると、水俣病患者の一部は六九年六月にチッソに対する訴訟に踏み切った。工業化や環境保護に対する国民の意識も変化して、国のため、産業発展のために人々の生命と生活と地域社会が破壊されるのはやむをえない、とはもはや考えなくなっていた。

一連の反公害運動は、「合意」を基盤とした伝統的な政治スタイルや、抗争よりも調和を好むとされた日本人論とは異質の政治文化をもたらしたものとして評価されている。その一方で石牟礼道子が「わが死民」という言葉を使ったように、水俣病闘争は近代「市民」社会に枠づけられた運動とは異質の論理を備えてもいた。話し合うスタイルの既存の枠組みを動揺させながら、それをあらたに創出する運動だったのである。保守政党の温情でもなく、かといって抽象的なイデオロギーでもなく、そして近代市民的倫理を基盤とする運動論からさえ自由だった。「方言」的なものと「話し合い」的なものとは、すくなくともこのスタイルにおいて背反するものではない。むしろ方言によって合意していないといったそのときに、生命の根を断ち切ることのない公共性の新しい次元が社会を震撼させたのである。

3　組織と個人

個人の自由の限界

『新編　現代国語　改訂版　3』（七一年）には、「3　近代の小説」という単元が置かれている。森鷗外の「舞姫」、夏目漱石の「広田先生――三四郎――」と、伊藤整の評論「明治の作家たち」が組み合わされて一単元を構成している。伊藤の文は五〇年代に書かれたものであるが、ここではそれが七〇年代の教材として受容された時点での意味を読むことにしよう。この時期の学習指導要領には「文学史」に深入りせぬようにと書かれているが、この方針が教場に浸透するまでのタイムラグがあった。七〇年代をもって最後となるにせよ、文学作品にはその歴史的な意味付けが必要だという考え方は、簡単に断ち切れるものではなかったのだ。

伊藤整によれば、明治維新以降の日本の近代社会は、近代的な産業や軍事組織など、技術的な部門において文明をとりいれたが、「人間性についての考えは古いまま」だった。例えば徳富蘆花の『不如帰』で、浪子・武男はひともうらやむ相愛の夫婦であったが、浪子が結核になると、「家」の存続を第一義と考える前世代の姑の圧力によって引き裂かれる。これは封建的＝非近代的秩序のなかに生きている人間を描いた悲劇だったが、一方で、幸田露伴の『五重塔』『風流仏』

の場合、主人公の職人は自分の身につけた技能によって他人をしのいで出世し、自己実現を遂げようとしている。これら露伴の作品には、すでに社会に対し自己を主張するという近代的なメンタリティの萌芽が見られ、個人の立身が社会の中に位置付けられている。

伊藤整は社会との対立において、あるいは社会規範からの解放において近代的な自己意識が確立されるという見方にたっている。個人と社会は基本的に対立し、その間の葛藤にこそ作家たちの「近代」性を見いだそうとする文学史だといっていい。ここでは明治期の代表的な文学を例にとりながら、「自分の我」という観念を軸にした近代精神史が提示されている。明治は全体として非近代的な絶対主義の時代であり、そのなかで文語体＝旧道徳の形式主義から解き放たれた口語体の小説文体が、ささやかな自由の表現となった。このように語る伊藤整は、抑圧と解放という近代の物語に依拠しているとひとまず言える。が、解放言説に沿って語っているにも関わらず、伊藤の主張は解放を言祝ぐものでは必ずしもない。それが微妙なところだ。この文章の趣旨は、解放を志向する近代性の萌芽のなかに、既に「個人の自由」の限界が示されている、という点にある。

人間の自由を原則とする近代の社会においても、その自由は無限ではない。ひとりの個人の自由は、やがて他の人間の自由を侵すことになる、すなわち、自由ということには限界がある、という意識が、敏感な人間には強く感じられるようになったことを、この作品（前掲の露伴作品）が示している。

自己の自由は論理的に他人の自由と抵触し、やがては社会と抵触すると伊藤は考える。「文学革命」としての自然主義は、この矛盾についてイノセントだった。社会に対する思慮なしで既成道徳を否定するエネルギーが発揮されたからこそ、自然主義の文学運動は革命たりえたのだと、伊藤はアイロニカルな注釈を加えるが、比較されるのは、やはりここでも夏目漱石である。初期には「笑いによる批評文学」を書いた漱石は、後半期になると『こゝろ』『明暗』など、「人間のエゴの触れ合いの恐ろしさ」を描くようになった。その点で、自我の拡張を追求した単純な自然主義作家とは一線を画す、という評価である。

戦後初期の教科書において、「漱石」は私小説を書かなかった作家、日本で唯一西欧の近代小説に相当する作品を残した作家とされていた。が、経済成長を経て、日本経済が世界的成功をおさめる七〇年代には、「近代」をめぐる言説の枠組みも大きく様変わりする。「漱石」の文豪たるゆえんは、歴史記述の基軸が変わったあとにも、やはりそれに対応できる作品をもっていた点にある。この作家は戦後の各時期がその都度要求した主体の形に答えるように、その表情を大きく変化させてきたのである。

おおかたの近代作家とは違って、「漱石」にはエゴイズムの恐ろしさが分かっていたと伊藤は書いているが、私たちはこの話型をすでによく知っている。第三章で検討した猪野謙二も、西欧近代文学に無邪気に憧れたおおかたの近代作家と違って、「鷗外と漱石」は近代社会と近代人のみにくさが分かっていた、と書いた。猪野の場合の「鷗外と漱石」は西欧人ならざる自らの民族性を発見して日本に回帰し、伊藤整の場合は、エゴイズムの限界に気付いた鷗外・漱石は「私」を捨てる思想に到達したという。猪野謙二と伊藤整の政治的立場はおそらく違うが、やはり伊藤もまた西洋／東洋の対比に関心を示すのである。「この鷗外と漱石の考え方には一脈共通したところがある。それは東洋の知識階級が昔からいだいてきたところの、現世の欲を放棄する、我欲を捨てるという考え方である」。

反個人主義の教材

文学史プロットのレベルでは、しばしば個々の文学史家の見方のちがいはさしたる問題ではなくなってしまう。それは文学史が、文学評価を超えたより広い社会的かつ時代的な言説場において語られているためだ。個々の文学史家にはそれなりに個人的な趣味嗜好があり、それに基づいて作品の評価も分かれるかもしれない。が、文学史が作品鑑賞であるとともに歴史記述である以上、社会的時代的に共有される評価枠組みによって支えられ、また規制を受けることになる。ここでの目的は文学史家の個性より、むしろ匿名の時代の言葉それ自身が語っているかのような文学史プロットに注目することにある。その視点から、あらためて、共通部分の少なくない五〇年代の教材と七〇年代のそれとの間の違いにも注意を払わなければならない。

文学史は、主体性、自己、個人、自由を、どのように語るかを軸にして変容をとげた。伊藤整の「明治の作家たち」は、どのような背景において、個人や自己を描いているのだろうか。西洋／東洋という文明論的構図の他に、伊藤整は社会と個人の関係を論点として導入している。ただ、伊藤の場合の「社会」は、戦後初期に理想化された主体的な個人たちの作りだす市民社会ではなく、個人の抵抗がそれを前にして無意味になるような非人間化した社会機構、個人がその歯車でしかないようなメカニズムとなっている。

伊藤の記述にも「漱石」と並んでやはり森鷗外が登場する。作家というより陸軍軍医として国家の重要ポストに就いた鷗外は、他の「日本の文士たち」と違って、冷徹な社会機構を理解していたし、かつそこから逃避しなかった。その困難の中から晩年の「漱石」が「則天去私」の境地にいたったごとく、鷗外は「レジグナチオン（断念・放棄）という思想」を形成したという。「すなわち、自分が身を引いてそうして他人のエゴを通してやるという考えである。夏目漱石の則天去私というのは自分が運命として与えられた苦しみには忍耐をして、そして自分のエゴをあまり強く主張しないで、他人と調和しよう、という考え方である」。

自我を生かすことのみに関心をもった「文壇人」と違って、「文豪」二人は実生活の上で避けられないエゴの対立に意識的であったし、社会から逃避しない以上はそれをなんとか解決しなければならなかった。伊藤整は漱石・鷗外とともに、トルストイ・ドストエフスキー・ロレンスの「エゴ脱却」に及び、さらに東洋・西洋をタイプわけし、そして、東西の作家の違いは、釈迦とイエスにまで遡られることになるが、この部分は省略しよう。

この文章には頻繁に——二行に一度くらい頻繁に「近代人のエゴ」「エゴイズムの恐ろしさ」「醜いエゴ」を語る言葉が現れ、そのなかに伝統として位置付けられた「自己放棄」が押し出される。社会から逃亡せず、かつ社会のなかで自己放棄が必要だという この文の主旨は、七〇年代初期の国語教科書という文脈を得て、同時期の日本文化論の流れに沿うものとなっていたように感じられる。周囲の考え方を推し量り、集団の秩序を乱さない人が、すなわちよくできた人だとされるのが日本文化論の語る日本だが、「エゴイズム」の醜さから脱却した文豪の像は、こうした語りに後光と奥行きを与えるものだっただろう。我欲を捨てるという語りには、深い伝統文化と宗教性を帯びた崇高さが与えられていたのである。

伊藤の文学史は、森鷗外の「舞姫」、夏目漱石「広田先生」とともに「明治の作家」という単元の中に配されている。この文脈において、「舞姫」のテーマは近代的自我の挫折であろうし、『三四郎』からは広田先生が利己主義、利他主義の時代的交替を語る場面が切り出されることになる。つまりこの単元は、自我、利己心、エゴイズムと言い換えながら、反個人主義を軸として教材を編制したものとなっている。

個人主義の評価は歴史的に大きく変化してきた。一九一四年に夏目漱石は「私の個人主義」という題で講演し、個人主義は国家主義と対立するものではないことを強調している。逆にいうなら、当時一般的に、個人主義は国家に抗する悪しき思想、日本を汚染する外国思想と見なされていた。戦時期になると個々の命は国家に捧げるためのものであり、個人主義は欧米思想の中心基軸として排撃対象の筆頭に数えられていた。そして、八・一五の終戦を境に、軍国主義イデオロギーに盲従した歴史的経緯に対する反省から、外なる権威に惑わされず自らの内なる信念にのみ従う自由で自律した個人という人間像が推奨モデルとなった。

戦後初期の国語教科書においても自由なる主体、自由なる個人という理念が、さまざまな語りの基底にあったことは見た通りである。それから二〇年あまり後、七〇年代の教材はエゴイズムを悪として描くにいたる。私心を去って集団の和を尊ぶという「日本的」美徳は、戦時イデオロギーの回帰というより、むしろ国際競争で意想外の勝利を収めた日本型経営が語り出した美徳だったように思われる。三島由紀夫が一九六四年の『絹と明察』で経営家族主義の傑作な戯画（三島の真意が戯画化にあったかどうかは例によって不明だが）を描いているが、この小説の素材となった事件は一九五四年の近江絹糸「人権」ストである。事件が作品化されるまでの一〇年のうちにストライキという労働者の事件が経営者の日本的家族主義へと変換されたわけだ。一〇年が必要だったのは三島の反応が遅かったからではない。社会的価値観が入れ変わり、時代の言葉が変換されるにはそれだけの時間を要したということだ。

組織と個人

『新編　現代国語　改訂版　2』(七〇年)には、「2　組織と人間」という単元が設定され、加藤秀俊「生きた人間関係」その他の教材が収録されている。加藤秀俊は、五〇年代後半の論壇をにぎわせた大衆社会論の中心的論者のひとりだった。この教材は「われわれは、組織からはずれて生きることができない」という文で始まっている。「組織というのはいやなもの」だといわれるが、それならコミュニケーションの回路を改良すればいい。今日的なリーダーの能力は「ひとりひとりを識別して「複数の自分」の間の調和を取る能力」であり、それは軍隊の司令官が兵士に物も言わせず命令するのとは根本的に違うという文である。旧軍隊から自らを区別する新時代の組織論をこの時代は要求していた。鷗外・漱石の無私を語った伊藤整とはまったく違う文体だが、両者は組織のなかの人間、「複数の自分」の間の調和というテーマを共有しており、同じ時期に教材化されたのももっともなことだと思う。伊藤整もやはり五〇年代に「組織と人間」という文を書いている(『改造』一九五三・一二)。その発想は、明治の作家を取り上げた文学史にも浸透しており、さらに七〇年代という教科書的現在の文脈を与えられて、明治期よりも高度成長の時代により多く関わりをもつ言説となっていった。教育界を含む社会全体の規範が、企業社会の論理に沿って再構築されるようになる時代である。

無私のその後

さらに後の時代の教材になるが、『現代文　三訂版』（八八年）で教材化された柳宗悦の「益子の絵土瓶」を見ておこう。「私心を去る」姿の究極であるためだ。

この文は一九五四年、雑誌『心』に発表された。長く益子の窯場で絵付職人として働き、ベルリンの第一回国際手工芸博覧会で特選となった皆川マスをクロースアップして、個性や独創性を基礎とする近代的な芸術概念への反措定としている。

この文は、皆川マスが絵を付けた土瓶の特質を、以下のようにすべて否定形の文で説明している。すなわち、「天才」の所産でなく「独創的」でなく「美しさがわかって作られたもの」ではなく「展覧されたり鑑賞されたりするもの」ではなく「個性の表現など」見あたらず、そして「平凡な無学な者」が描き「自分の生んだ図柄では」なく「安物の実用品」であり、それは「労働を伴う汗の多い仕事」であり「どこにも落款がみられない」。近代芸術の観点からすれば、あらゆる「悪条件」から成っている。その絵土瓶が美しい、と柳は書く。

彼女はいわば「ばかの一つ覚え」で幾種類かの絵を描くだけで、「それ以外の絵は描く力さえない」。こうした単純作業にはうんざりしそうなものだが、そうしなければ食べてゆかれぬ身分である。「ただ感興のわく時にのみ仕事をする美術家たちとは、その境遇に大変な開きが」ある。反復と熟達は、やがていちいち何を描くかを意識させなくなるが、「意識に縛られないこの自由は大した働きを」する。「人間の小さな個性に閉じこめられぬこと」「それゆえかえって普遍なものに」つながれて、「人為を超えた自然さにまで帰って」行く。この仕事は独創などを期待しない。

ですが力もない人々ですから、何か頼れるものを持たねばなりません。それには伝統が用意されております。伝統はすでに個人を超えた一般のものであります。その非個人性こそは、貧しい個性より持ち合わせない衆生のために、どんなにありがたいよりどころでありましょう。日々の友となる絵土瓶は、個性の表現などを予期はいたしません。否、そんなものであっては、普遍的性質を失います。だれの伴侶にもなる土瓶であってこそよいのであります。

この土瓶絵には他力がまざまざと動いております。描く者はたとえ小さくとも、それを超えた大きな力が描かせているのを感じます。他力の領域では、天才も凡人も、けじめがつけてありません。むしろ凡人のほうがたやすく仕事に入れるでしょう。なぜなら誇る自分を持たないからであります。へりくだる心、素直な心、受け入れる心、それはむしろ無学な者、貧しき者によけい恵まれている徳ではないでしょうか。

「ばかの一つ覚え」と書きつつも、これは益子の絵土瓶およびその作者を絶賛した文になっている。近代的な芸術観を相対化しようという筆者の発想はよくわかる。しかしながら、八〇年代の教材となったこの文章に、私自身は強烈な疑問を感じないではいられなかった。それはあながち「近代的」な価値観に汚染されているためばかりでもないように思う。「無学な者、貧しき者」を賞賛する言葉が、そう語る筆者を近代と非近代をともに見下ろしうるような特権的位置へと押し上げているように感じるためだ。歴史の外に身をおいて傍観する位置から、近代的であれ前近代的であれ歴史の中にいる者の困難や痛みが理解できるのかは疑問だが、その理解をスキップしての絶賛には、やはり違和を感じないではいられない。皆川マスの仕事は世界的な評価を獲得したが、その仕事は一般的には低賃金単純労働と呼ぶべきものではなかろうか。低賃金に甘んじなければならない人々が多数存在していることがどのような問題であるかを飛び越えて、その姿を無私無欲と賞賛するとき、その問題を社会的な問題として表象する通路をふさぎ、個々の不満を巧みに慰撫するレトリックにも通じかねない。劣悪な環境での労働を強いられている人々に対し、職業に貴賤はないというごときである。そしてこれは、すでに次なる時代の、次なる社会編制の問題に関わってくる予感がする。

第五章　言語教育とゆとり教育——現代まで

1　科目編制の激変

転換の方向性

八〇年代になって、国語科の科目編制が大きく変わった。六〇年代の経済成長政策とともにスタートした「現代国語」と古典系科目との二大別体制は、その後二〇年もの間続いたが、この体制が終了し、かわって現代・古典を合わせた「国語Ⅰ」「国語Ⅱ」という総合的科目が設置された（一九七八年版学習指導要領、八二年実施）。理由は、現代と古典と「両者を別個に学習すると、その共通性、連続性の面が見失われるおそれがある」からだとされている。「現代国語」体制、すなわち現代という時代を近代以前から切り離す科目編制が、経済成長政策の工業化路線に適応する主体、伝統的なるものから身を引き剥がして近代化に邁進することをいとわない主体をしかるべく成型するものだったとすれば、「日本語と日本文化の連続性」を再び構築すべく設置された総合科目「国語Ⅰ・Ⅱ」とは歴史の見方について画期的な転換を告げている。この時点では、二つの総合科目の後に続けて、選択科目「現代文」「国語表現」「古典」が設置されている。

七八年のこの改訂の基本方針は「言語の教育としての立場を一層明確に」するというものだった。教育と経済が接合された六〇年代に戦後初期の「文学」重視方針を破棄し、文学的文章だけでなく「論理的」な文も読めるように、という方針転換が明らかになったが、それ以来、脱文学化の方向付けは学習指導要領改訂のたび次第に明確化され、現在の「表現」前景化という質的転換にまでつながっていく。公教育が言語生活全体のなかで「文学」に与えた価値比重の変化は戦後半世紀あまりを通じて大きく変化してきた。「言語の教育としての立場」が打ち出されるなかでの「現代文」教科書を見てみよう。

一九八二年検定の教科書『現代文』は、「1　人間を見つめる」（伊藤整「青春について」、宮沢賢治「なめとこ山の熊」）、「3　近代の小説」（志賀直哉「赤西蠣太」、梶井基次郎「闇の絵巻」）、「4　現代の小説」（長谷川四郎「ぼくの伯父さん」、大岡昇平「俘虜記」）、「10　海外の小説」（二葉亭四迷訳「あひびき」）など、国語科全体の改訂方針にもかかわらず、立派な文学教材を並べているという印象を受ける。ただし、七〇年代まではかろうじて残喘を保っていた文学評論や文学史などメタ文学的教材は一掃されている。こうした言説は「文学」という大文字の理念を提示し、個々の作品の存在理由をそれによって保証し社会的に位置付けることに貢献してきた。するとこの時期の教科書に並んだ多彩な教材は、古典と現代を貫く日本文化の連続性を表象するとされながらも、それ以上の内実をもった社会的あるいは歴史的なコンテクストと結びついているわけではない。結局、歴史的に文脈化すべき文学であるより、それ自体として意味をもつはずの名文・名作であり、またそうした個々の作品はやはり個人化された読者のプライベートな趣味に結び付けられることになるだろう。この頃の教室には、生徒おのおのが自由に「テクスト」を解釈するという教育方法論が導入され一定の成果をあげたが、その前提のひとつとしてこうした言説編制があった。歴史なき個人、という主体を産出する言説編制だったと言っていい。

まもなく現在の「教育改革」の源流とされる「臨時教育審議会」（中曽根康弘諮問、一九八四～八七年）の答申が出て、これを受けた次なる学習指導要領改訂（一九八九年、九四年実施）には、「教育の自由化」路線が打ち出された。八〇年代中盤は、世界的にもイギリスのサッチャー、アメリカのレーガン、日本の中曽根の政権期にあたる。小さい政府と民間活力の導入を喧伝し、社会保障と福祉を縮減するネオ・リベラルな政策によって弱者の切り捨てと社会連帯の断ち切りが促された時期であり、教育の「自由化」もまたこの文脈において理解しなければならない。

このとき同時に日本文化の理解と日本人の自覚が「国際交流」時代という高次の目標の下で重視されるようになった。戦後初期から時を隔てて「国民」の文化的特性を「世界」の文化の下に位置づける話型が再来したともいえるのだが、しかし時代の文脈はすでに敗戦後の焼け跡ではない。アメリカ合衆国の対日貿易赤字を是正するためのドル安円高政策に合意して以来のいわゆるバブル経済の時期である（学習指導要領が実施される時期にはすでにはじけてしまったが）。「現代国語」体制の頃のように前近代から自らの身を引き剥がして近代化に邁進しなければならないという構えもすでに取り下げられ、次なるステージへの離陸が視野に入ってきたのである。この時期の「日本文化」は、経済大国としての自負ないし海外進出を進める日本企業が必要とした自己表象であり、この場合の高次の目標たる「世界」が意味するものも、超国家主義への反省をこめた普遍的人間性のことではもはやない。経済グローバリゼーションの環境下で「国際競争」や「世界標準」が標榜されるようになってからは、外国人には分からないという方向での「日本特殊論」「異質論」も鳴りをひそめることになった。

「我が国の文化と伝統を尊重する態度の育成」とともに、この時の学習指導要領には「個性」「自己教育力」「自ら学ぶ意欲と社会の変化に主体的に対応できる能力の育成」「生涯学習」といった一連の言葉が提示された。キーワードは個と自己である。もはや国民全体に統一基準を指し示す（そして違反者を取り締まる）のではない。自ら申告した基準を自らの内に内面化し、その基準に照らして自己を点検し、絶えず自分を刷新する意欲が要求されているのである。新たな推奨モデルは、このように内にむかってとぐろを巻くかのごとき自己再帰的な主体となった。疲れることである。だが注意すべきは、外から画一的基準を押しつけるのではないこと、個人の裁量権を拡げることそれ自体は「リベラル」であり、その限りで反対意見を述べにくいという点だ。歴史的に自己決定権を奪われてきた女性やマイノリティにとって、それは依然として重要な価値である。が、ポスト近代の歴史的地平において、自分の意欲という価値は、意欲のないものはなくていいが食べていけないのも自分のせいだ、という恫喝にも、また努力しないからダメなのだという切り捨てを正当化する言葉にもなりうる。各自の意欲を問われるべき個々人が基礎単位となれば、共通の問題において連帯が可能であった社会集団もまた内側から掘り崩されることになるだろう。リベラルな価値観のその正しさを別の歴史的脈絡において借用する点で、まさにネオ・リベラルな価値観点が提出されたのである。

国語科についても制度上の具体化が進展した。まずいわゆる「規制緩和」「自由化」である。それまで五つだった国語科の科目数が「国語Ⅰ」「国語Ⅱ」「国語表現」「現代文」「現代語」「古典Ⅰ」「古典Ⅱ」「古典講読」の八科目となって、いわば科目の「多品種化」がなされた。そして必修として「国語Ⅰ」を残すほかは、それまで準必修の扱いだった「国語Ⅱ」を含めて必修の縛りをとりはらい、一様に選択科目となった。学ぶ側もまたよりよい商品を見きわめて選択する主体として表象され、つまり消費社会の主体と相同的に成型されることになる。変化したのは制度のみではなかった。「国語」の教育内容そのものにも根本的な変化が起こっているのだが、それは後に詳しく見ることにしよう。

ポスト工業化社会へ

小渕首相の私的諮問機関である「21世紀日本の構想」懇談会が二〇〇〇年一月に報告書を提出した。当時はもっぱら英語第二公用語論や義務教育三日制など急進的な提言で話題になったが、それらを支える発想として、この報告書が近代的権力モードとの訣別を宣言していた点に注目しておこう。これは工業化社会からポスト工業化社会へ、近代社会からポスト近代社会への転換を告げる宣言文といえるものだった。

明治の近代化とともに、日本は他に類を見ない教育政策の充実に努め、当初から公立の学校を全国に展開し、教員の資格を標準化し、教科内容、教科書そのものに至るまで制度化し、均質化することに努めた。(略)百年の教育の成功は日本の近代化、とりわけ工業化に必要な高度で均質の人材を大量に供給した。識字率の高さ、科学的常識の広がり、初歩的な計算能力の普及、さらには潔癖、几帳面さといった国民性は日本の近代教育の勝利の証しである。／しかしながら、20世紀の終わりにあたって多くの人々が指摘するように、まさにこの国民教育の大成功が幾つかの問題を生みだしている。最も目立つ問題は、日本が工業社会からポスト工業社会に移る中で、それを支える先駆的人材が他の先進国に比べて育ちにくいということである。
(「21世紀日本の構想　第5章　日本人の未来（第5分科会報告書）」より)

報告書はこのように歴史のパラドックスを示している。明治以来の「国民教育の大成功」それじたいが、二一世紀を迎えようとする現在のくびきになっているというのだ。いま必要なのは国民全体を広くカバーする近代的教育制度ではなく、ポスト工業化社会へのすみやかな移行を支える「先駆的人材」、すなわち「未知の世界を恐れない冒険心」とともに「結果として起こるかもしれないリスクに対して自ら責任を取る精神」をそなえた人材である。「多額の国費が教育に注ぎ込まれ」た近代教育段階は終わりをつげた。教育はもはや公共の責任範囲にではなく、個々人の「自己責任」の領域に再配置されるべきだという考えが示されている。学校に来たくない者は来なくてもよく、それは自分の決定することで、そのために職が得られなくてもやはり自己責任、である。ここに個人の問題はあっても社会問題というカテゴリーはない。

「履修内容の多様化」も、この主張に対応する実践系の有機的な一部をなしている。多様化・多品種化された選択肢の内からよりよい教育商品を選択する主体が標準化されたなら、経済的理由やその他の理由でそもそも選択できないケースさえも、基本的に自己責任として理解され、結局問題の本質が表象されなくなるだろう。教育の質を選択する場面では、子ども本人に裁量権があるというより、その親の文化資本・経済資本がモノをいうのが実状である。自分の希望に反して選択の幅そのものを奪われている子供も少なくない。また、そもそも未完成の主体たる子供をなんとか責任主体へと育てていくのが教育のプロセスだとすれば、教育への入り口のところに、完成済みの責任主体を想定したロジックが介在しているのがはたして妥当か、本来ならば議論があってしかるべきだ。

が、八〇年代に構想され九〇年代から現在にかけて進められた「教育改革」の動向は、教育機会の均等という配慮を欠く以上に、もう一歩進んで平等という価値そのものを破棄しようとするより積極的なものだったようである。現行の学習指導要領では「ゆとり教育」が決定的に深化し、各教科の指導内容削減や選択教科の拡大、小学校での「生活」教科新設、「総合的な学習の時間」新設など基本的に設定をゆるめ、各学校の教育課程に関する自由裁量権を拡大させた。そして、しばしば報道されているように、現在こうした諸施策が「学力低下」をもたらした、という批判が出ている。だが、「ゆとり教育」を提言した教育課程審議会で会長を務めた責任者の三浦朱門氏は、斎藤貴男氏のインタビューを受けて次のように語っている。露骨な発言としてよく引用される一節だ（斎藤貴男『機会不平等』文藝春秋、二〇〇〇）。

「学力低下は予測しうる不安というか、覚悟しながらやっとりました。いや逆に平均学力が下がらないようでは、これからの日本はどうにもならんということです。つまりできん者はできんままで結構。戦後五十年、落ちこぼれの底辺を上げることばかりに注いできた労力を、これからはできる者を限りなく伸ばすことに振り向ける。百人に一人でいい、やがて彼らが国を引っ張っていきます。限りなくできない非才、無才には、せめて実直な精神だけを養っておいてもらえばいいんです。」

大量の労働力を必要としていた工業化段階であればともかく、ポスト工業化の段階に入った現在では、国民全体をカバーする教育は、もう財政上得策ではない。意欲なき者はなくていい。むしろ彼らを切り捨てて、その分のコストを一部の「先駆的人材」に振り向けようという構想である。つまり従来より三割削減された学習内容がミニマムスタンダードとして提示され、そのミニマムを教える学校と、それ以上の発展学習をする学校との格差をむしろ積極的につくり出す。教育改革は格差を生みだすよう意図して設計したのだということを、正直な責任者が露骨な言葉で証言したわけである。三浦氏は「できる」「できん」という言葉を使っているが、「できる」というのは事実上、格付けられた学校のなかで人気の高い中高一貫校などを選ぶことができるような子どものことであり、つまり塾へ通わせるなどの経済的余裕がある家庭に生まれた子どものことを結局のところ意味してしまう。アケスケな三浦朱門は「それが〝ゆとり教育〟の本当の目的。エリート教育とは言いにくい時代だから、回りくどく言っただけの話だ」と述べているが、エリートという言葉もいわゆる学校エリートではなく経済的上層部とますます一致していくことだろう。

学力低下問題は始めから折り込み済みであり、意欲なき者と先駆的エリートの二極を析出することが教育における構造改革の本来のねらいであったということだ。もちろんこうした露骨な言い方では、通常社会の合意を取り付けることはできない。それゆえ、各学校や個々人の選択の幅、裁量権を拡げる、という表現をとることになる。ポスト近代社会の新しい教育は、国民全体ではなく個人化された主体を対象として想定しており、このまなざしに対応するのが「〔ゆとり〕の中で自ら学び自ら考える力などの［生きる力］の育成を基本とし」「一人一人の個性を生かすための教育を推進すること」という自己再帰的主体のモデルとなる。

戦後初期の「国語」は民主主義や人間性という普遍的理念を語り、六〇年代には工業化と高度成長の社会を支えるべく均質で大量の労働力をつくり出し、そしていまや自ら選択し結果責任を負う自己という主体を見出すにいたった。このロジックにおいて語れなくなるのは社会的不平等の問題である。「国語」が理念を語っていた時代から、すでに教育は選別に結びついていたことだろう。そうであっても選別の論理、装置には歴史がある。そして現代化された国語科もまた、社会と主体とに根本的な変容を迫っている。その意味で、これは思想的な問題なのである。

2　表現の重視と「国語」の拡散

音声中心主義

新学習指導要領の学習内容三割削減方針を受けて、二〇〇二年度使用開始の中学教科書から定番教材だった「鷗外」「漱石」が消えた。これに危機感を覚え、あるいは嘆く発言も少なくなかった。だが、国語教科書の戦後をここまでたどって来た私たちは、このこと自体の是非は問わない。おそらく、このとき消えたのは二人の作家ではないからだ。文豪そのものでなく彼らの名によって象徴されていた「近代」ないし「日本近代」がこのとき社会平面から蒸発した。その大がかりな変容の端的な徴候として、これは注目すべき事件だったのではないだろうか。

国語科は、このとき「国語」をどう定義するかという点で、画期的な変貌を遂げている。いわゆる「領域構成」が大きく変化したのだ。領域構成とは国語の学習内容を大枠でイメージしたものだが、それ以前の構成（八九年版学習指導要領、九四年実施）における「表現」「理解」の二領域が「話すこと・聞くこと」「書くこと」「読むこと」の三領域へと組み替えられている。

以前の「表現」領域には〈文字〉で「書く」、〈音声〉で「話す」という発信行為が一括りにされており、これに対応して「理解」には「読む」「聞く」という受信行為が括られていた。だが、実際には〈文字〉中心の「読む」「書く」の影に隠れて、〈音声〉能力の育成はほとんど考慮されなかった。その場で消えてなくなる〈音声〉はペーパーテストにもなじみにくく、受験対応型授業のなかでは時間を割きにくいためだ。

新学習指導要領に対応した指導書『新しい高校国語　第一巻』（明治書院、二〇〇一）によると、かつて文部省は「読む」「聞く」に対して「書く」「話す」をそれぞれ一つにまとめるという目的意識の下に、言語能力に関する全国的な調査を行った。そして聞く能力は読む能力に正比例するため、読むことの指導を適切に行えば聞く能力は自然に身に付く「などという」調査結果を報告し、これをふまえて「理解」「表現」のまとまりを提案したが、そのために〈音声〉言語活動は「読む」「書く」の背後に後退した、とのことである。

この「弊害」に対処すべく、領域構成の抜本的な再編が行われた。すなわち〈文字〉中心主義から〈音声〉中心主義へ。これにともなって科目の順序も「国語表現Ⅰ」「国語表現Ⅱ」が先行し、そのあと「国語総合」「現代文」「古典」「古典講読」という配列となっている。つまり総合的教養よりも表現の方が優先順位が高い。さて、この視点から振り返ると、実はすでに八九年度版の学習指導要領において「表現」が「理解」に先立っていたことに注目すべきだ。つまり、「国語」イメージは以前から変容を進めており、〈音声〉中心主義への旋回は、その「改革」のラディカルにして総仕上げ的な一撃として理解することができる。
「表現」の舞台は国語科だけではない。他の教科（地理歴史科、公民科、理科等）についても、やはり発表や報告を中心とした言語活動の位置付けが重くなっており、〈音声〉の中心化は新教育課程の全体に及んでいる。この構造改革は「国語科」のアイデンティティを揺るがすものでもあった。すべての教科を「表現」が覆うというこの事態は、一面的にいうなら「国語」の制覇である。だが、その瞬間に「国語」は全体へと拡散し見失われる。

同様の問題は「小論文入試」についても言える。「知識偏重入試を脱し、生徒ひとりひとりの個性や人間性を見よう」といった目的で小論文入試が推奨されて久しいが、各専門に応じ、情報、環境、国際社会、福祉、科学技術、教育、医療、政治経済、人間関係、自己存在など、そのテーマは多岐にわたっている。つまり内容的には一教科がカバーするものではない。「国語科」の「表現」は、この事態にどう対応できるだろう。かつての文学教育から言語の教育としての立場へとシフトした「国語科」は、こうした流れを受けて、どのような内容でもそれによって運べる空の車として言葉を表象するほかなかった。形式と内容の不可分離、というような古き良き文学的言語意識は、この地点で場所を失うことだろう。空虚な「国語」の声が抽象的な空間に響く。こうした「国語の危機」にあたって、突然自意識を持ったかのように、「国語科」は自らの固有の領土を断念することによって逆にすべてを「国語」化する方向を選ぼうとしているようでもあった。

「国語科」と新しいメディア

新学習指導要領の特色は「指導に当たっては、例えば次のような言語活動を通して行うようにすること」という指示のもとに、実践的な言語活動例を提示した点にあり、高校の場合それが合計二四例に及んでいる。こうした例に準じ、指導書は次のような具体例を挙げている。「あいさつ、対話、電話、インタビュー、対談、会話、話合い、バズセッション、討論（シンポジウム、パネル・ディスカッション、ディベート等も含む）、会議、連絡、報告、説明（プレゼンテーション）・発表、スピーチ」等々。

では、国語科の音声中心主義のコンセプトはなにか。まず指導書は、話し言葉に特有の事項として「①発音・音声　②言葉遣い　③用語　④文型・表現形式　⑤相手意識　⑥目的意識　⑦場の意識　⑧パラ言語情報　⑨非言語伝達情報」を列挙している。つまり、イントネーション、強弱、間の取り方、身振り、表情など、これまで「国語」の内に数え込まれてこなかった新たなメディアに注目しているのだが、これはつまり何をもって「国語」とみなすかという言説編成のレベルでの組み替えを意味している。もはや文字ばかりではない。声＝身体、送り手と受け手のいる具体的な発話の場面、その総体が「国語科」のカバーする領域であり、すなわち新たに定義された「国語」である。

新たな国語科は、話された言葉のみでなく発話の場面をも組み込んでいる。もちろん、一般的な礼儀、TPOも、その場にふさわしい声のトーンや身振り、表情などに留意するよう命じることだろう。だがそれに加えて、指導書は「インタビューにしろ討論にしろ、そこには運び方の型がある」という。その「運び方の型」を学び、「型」に則って言語活動を行うよう学ぶ、それが「国語」それ自体となったことの意味は大きい。私たちは教室の外にも、頭のいい人の話し方、仕事ができる人の話し方、面接に勝つ話し方、などなどのマニュアル本が溢れていることを知っている。新しい「国語科」はそうした発想を「国語」として公式に認知し、再び社会に押し出したのである。

場面と目的にかなった声の自己教育は、雇用の不確実性に翻弄される人々の不安にも連接可能のものだった。つねに雇われやすい自分を準備せよという社会的な命令にさらされている人々は、自己をプレゼンテーションするすべを知りたいという新しい欲望に捉えられる。どのようなコンテクストにも柔軟に応じうるような自己の姿は「国語科」の学習項目の延長上にある。この点でひとつの仕事、ひとつの職場に誇りをもって一生勤めるという、かつてのいうなれば近代的、産業社会的な社会人イメージからの離陸を果たした後の「国語」なのである。

新しい「国語」を説明する際に、繰り返されるのは相手や場面に「応じた」という言い回しだ。

「目的や場に応じた話し方や言葉遣い」「相手や目的に応じて題材を選び」「相手や目的に応じて適切な語句を」「目的や場に応じて、効果的に」等々である。要求されているのはコンテクストに対応して自らをそのたびに変えることのできる限りなき柔軟さだが、しかしその場合、コントロールの対象となるのは言葉の型、話の運び方の型にはとどまらない。型を中間に置いて、一方では話す主体が、他方では言語活動の場面が、ともに予測可能であるよう期待されている。主体と場とが互いにコントロールしあう関係に入るとき、語る主体たちはなにより発話の場面そのものを予測すべき型として暗黙のうちに想定することになる。新しい「国語科」の提唱するコンテクストの言語学とは、発話の場面において想定外の「他者」とならないように振る舞うことを話者に期待しつつ、そこからさらに発話の場から予測不可能性、他者性を、周到に抹消するだろう。

　指導書は「若者」に見られる「携帯電話の傍若無人な使用」を深く憂えているが、おそらくそれは携帯電話そのもの（医療機器の作動を妨げる、など）を批判しているのではない。どのような場面＝コンテクストにおいても、突然その内に私とあなたの別の場面を発生させてしまうこのツールは、新しい「国語科」の提唱するコンテクストの言語学にとってシンボリックな脅威といっていい。電車の中でかかってきた電話に出る。そして相手との世界に入って、周囲の乗客とともにある世界の方を切断する。もちろんこれは、一般的な意味でハタ迷惑な事例だが、しかしある意味において興味深い。つまり、ひとつの場はいつでもたちまちのうちに複数化されうるということだ。発話の場面はいつでもコントロール不可能となりうるし、その可能性を消し尽くすことはできない。このことは発話の場面をも包括しようとする「国語」にとって最大の脅威となるだろう。すると携帯電話への不寛容においては、携帯そのものが問題なのではおそらくない。コントロールすべき場面のただ中に、まったく突然異質なコンテクストが出現してしまうこと、その可能性が「国語」を脅かすのである。

すでに触れた『21世紀日本の構想』は、言語的市民権を定義していた。すなわち「共通の言葉や文字を持たない国民に対して、国家は民主的な統治に参加する権利を用意することはできない」。コンテクストの言語学をこの定義に接続するなら、「国民」は意味論レベルの理解以上に、決してその場面に脅威をもたらすことのない振る舞いを要求されている。『構想』が提案した「統治」としての言語教育は治安維持機能を持つものとも言えるだろう。

ナショナリズムの統合／ネオリベラリズムの分断

もうひとつ、指導書は「今、若者たちの日常生活には、おしゃべりや携帯電話での会話など私的・情緒的な会話が満ちあふれ」「多くの高校・大学の教室では、授業・講義を無視した私語が飛び交っている」ことを憂えている。教室での私語というのはこれもやはり一般的な意味において迷惑千万だが、ここでは日常会話の内容が「私的」であることを問題視する「国語」とは何であるかをむしろ問いたい。「若者たち」の「私」化を危機として認識するとき、「私」の対極にはどのような原理、どのような場が想定されているのだろうか。それは「国語」が対処すべき問題だろうか。「国語」で対応することによって思考の可能性をあらかじめ規制してはいないか。教育改革論議の中軸には、すでに検討したネオリベラルな論調があった。社会的なものの後退と個人の上昇を促すこの改革論調は、その当然の帰結として主体の〈私化〉をもたらすことだろう。しかしながら一方で改革論議は〈私的〉たることを嫌悪し、奉仕の義務化などを唱和する保守的な論調が存在していた。論理的に相容れるとは思えない論調が、やはりこの場合にもワンセットで登場しているのである。そして保守主義の主張が、公と国家の意識を若者にたたき込め、とでもいうような高圧的なトーンを響かせていたことを思うなら、なおさら「私的」であることを憂える「国語」とは何かが危惧される。ただ国語科の音声中心主義を検討する視点から、ここで注視すべきなのは、公や国家というたたき込むべき内容ばかりではない。それ以上に、そのたたき込み方、である。

〈音声〉重点化の新指導要領が発表されたその翌年というタイミングで、『身体感覚を取り戻す——腰・ハラ文化の再生』(斎藤孝、日本放送出版協会、二〇〇〇)、『声に出して読みたい日本語』(斎藤孝、草思社、二〇〇一)といった本がベストセラーとなって、声・身体・日本文化という布置が形成された。『声に出して読みたい日本語』の筆者によれば、暗唱文化は「型の文化」

であり暗唱することで「身体に埋め込む」ことができるという。美しい文章を暗唱することとそれ自体に関していうなら私は特に反対しないが、ただし型を身体に埋め込む、というコンセプトには強い違和感を覚える。それが思考過程を故意に抹消しているかのように感じざるをえないからだ。ましてそれがナショナリズムの価値を付与された型であったなら、それに対する批判的思考を欠かすわけにはいくまい。国語教科書についてこれまで見てきた音声の中心化にも、当然ながらその中心化と引き替えに内的思考の言語が周辺に追いやられるのではないかという危惧がつきまとう。場面に応じて適切に話すことができ、かつ、内的思考を徹底的に欠落させた主体など、考えるだに不気味である。

ここで、ミもフタもない現実を振り返っておく必要があるだろう。文字の教育から音声の教育へ。この「国語科」の大旋回にもかかわらず、少なくとも受験対策を最大課題とする学校では「国語表現」を優先せず、教科書よりも副読本として採用している参考書や問題集を使って授業をしているという。学歴資本の幻想が解消せず、いまだわたしたちがその歴史のなかにいる以上、受験になじみにくい音声中心の教育は、ただちにそれ自体としての効力を発揮するわけではない。ただちに生み出されるとすれば、おそらくそれ自体の効果よりも次のような派生効果の方だ。

派生的だとしても重大な効果だと思われる。この間、「ゆとり教育」の名の下に、学習内容が削減され、それが逆に私立校受験を過熱化させ、ひいては公立校をもふくめての競争に拍車をかけることになった。これと同型の事情が、「国語科」においては音声を中心化した学習内容それ自体の内に構造化されているのである。公教育が受験に役立ちそうにない音声中心の「国語」を標準的な学習内容として打ち出したとすると、標準以上の国語の訓練を経て受験に勝ち抜くことのできる層と、勝ち抜けない層との両極が分離析出されることになりかねない。つまり受験対応ではない音声中心の国語は、「ゆとり教育」と同様に、階級再生産の装置、格差拡大装置として機能することになる。

そうなると、声に出す国語は、一方ではネオナショナリズム的な統合を進め、他方ではネオリベラリズム的な分断を推進している。つまり両者の堅固かつしなやかな結節点となりうるのである。ここで、六〇年代以来、あるいはもっと以前から繰り返されてきた論理を思い出そう。競争と選別の論理が先鋭化し、社会的亀裂が顕在化した場合、深刻な社会不安が起こりうる。そこで亀裂を糊塗するための統合の論理が呼び出される、というワンセット化である。経済と教育とが接合され、有能と無能の選別が進められた六〇年代には、戦前懐古に見えかねない教育保守化が同時的に進行していた。八〇年代の教育自由化論議のときには、自由化と論理的に相容れないはずの統合の論理、つまり日本文化と日本人の自覚を促す教育が唱われた。そして、ネオリベ改革の深化によって、かつての総中流幻想が消え、日本社会でもついに階層間格差がはっきりと社会問題化するにいたったが、このとき卒業式・入学式で国旗・国歌の強制を筆頭に、教育の場にナショナリズムが強硬に導入されている。国家は人々の分断を進め、同時に強力に統合しようとする。同じ政府が分断と統合を同時に進めるというのは、論理的一貫性に欠けるといった批判は批判として機能しないのかもしれない。そもそも政府は政策の一貫性になど頓着していないらしいし、強いて思想レベルで言うならば通すべき筋などもたない「柔軟性」こそが、ネオリベのネオリベたる本質と見るべきなのかもしれない。その場に応じて無限に変われない者は、時代の速度にふり落とされたとしてもやはり自分の責任である。

新たな主体化の通路

ここで音声中心化のより長期的な効果を予測しておかなければならない。国語教科書は、各時代ごとの教材を通して、推奨する主体モデルを提示してきた。が、音声というメディアが前景化したことによって、主体のモデルにも抜本的な組み替えがおこると考えられるのだ。音声は、「教育改革」のひとつの柱である「絶対評価」という表象様式にきわめてよくなじむ。指導書によれば音声言語は「すぐ消えてしまい、教師が生徒個々の実態を把握しにくい」が、それだけに「相互評価・自己評価を生かし、生徒自身の自己評価能力を育成していく」ことにつながりやすい。つまりそれまでの教育において弱点だったポイントが、ここでは利点に転化するというのだ。そしてその利点が、新たに設定される主体化の水路に精確に対応するのである。

かつてのように一律の基準に照らして自分を測ったり、あるいは集団のなかの自分の相対的な位置を測ったりするのではない。要求されるのは「自己評価」、すなわち「自らの学習過程を振り返り、新たな自分の目標や課題をもって学習」する姿勢であり、つまり自己へのまなざしをインストールした反省的・自己再帰的主体を構築することである。その意味で、教師が外から評価するのが難しく、自己評価に寄らざるをえない音声言語の教育は、再帰的主体をイメージ化するうえで、またそうした主体へと自ら生成するうえで、きわめて有効なのである。

自己による自己改善のためのフィードバック回路の形成に、新たな「国語科」の〈音声中心主義〉は精確に対応している。自己教育の主体は、そこまで達成すればひとまず終わり、という目標基準を失っている。自分で自分の声を聞きながら自らを評価する。この終わりのない自己評価の課程で、主体は自らをくり返し再成型するのである。反復練習が推奨されるが、それは反復されるべき型そのものの更新を含む、際限なき「生涯教育」プロセスとなっているのだ。型といっても、もはやナショナルな名文を声に出して読めばそれでいいというわけではなく、型とその反復練習の概念それじたいが刷新されている。こうした新しい主体、新しい自己には、どこまで行っても終わりというものがないらしい。それを想像すると、疲労感を覚えずにいられない。

自己の内なる基準において自己をまなざす。内に向かう螺旋はそのループを自己の内で閉じており、個人化され、外をもたない。戦後教科書から消えて久しい言葉だが、「歴史」も「社会」

も持たない主体の、これは完成形というべきだ。なんと遠くまで、戦後の国語教科書はやってきたことだろう。

言説編制の問題

が、短期的効果、派生効果のみならず、「国語」改革の本質的な意味を考えておく必要がある。〈音声〉の前景化には、どのような思想的含意があるのだろうか。

文字から音声、さらに声、身振り、表情といった身体、発話の場面へ。教育は特定のメディアを選択し、言語活動の環境を規制する。そして民間部門から発信される他の様々なイデオロギーとの交流を通して、一定の実践系を組み替えていく。言語活動をどう定義するかはフーコーのいう意味での言説編制の問題である。そして現在、それが大きく変わろうとしているのだ。指導要領の指導下における変化であるにせよ、またそれがどんな効果をうむか十分予測できないにせよ、そのうえあまりよき効果をもたらそうとは到底思えないにせよ、やはり言説の編制は絶えず変わりうる。そのことにひとまず驚いておこう。

言説編制がかわるとき、ある物が見えてきたり、消えてしまったりする。フーコーの『言葉と物』は、一九世紀の臨床医学の文献を分析することで、ある時期に一定の制度のなかにいると、人間の身体の中のある種の生理現象が可視化されたり、見えなくなったりすることがあるという論点を議論可能にし、それによって思想史の全く新しいスタイルを創出した。新しい学習指導要領は、「表現」「理解」という領域構成において後景に退いていた〈音声〉を明るみに出し、このメディアを選び出すことについて指導性を発揮したのだが、それはまさにこの意味で言説編制の水準に関わり、思考を可能にしたり不可能にしたりする条件そのものに関わっている。

新しい「国語科」の指針は少なくとも一定の期間、私たちの発話行為の場面を規制することだろう。柔軟かつ美しい日本語の使い手であるように、そして発話の場面に想定外の他者性を持ち込まないように、終わりのない自己成型に意欲的たるように、さまざまな実践系が再編されている。

だが、新しい制度化への欲望は、同時にまた別のことを告げているのではなかっただろうか。話す主体の身体性や発話のコンテクストが制度化され、つまり規制すべき領域として再発見された。逆にいうなら、こうした制度化への欲望は、言葉は異質のコンテクストに対してつねに開かれているということ、制度化しつくせないままここまで来たことを逆に表明している。言葉は一つの具体的な場面を離れ、別の場面で反復されうる。必然的にその反復は、自己教育と規則化が可能な場面からあふれ出て、他なる場面を発生させて行くことだろう。発話の場に異質なものが立ちあらわれることに脅かされる「国語科」のトーンにも関わらず、言葉は他なるものを形成し続けずにはいない。コンテクストの言語学を導入した「国語科」は、それ自身の意図を越え、言葉をめぐる抗争の可能性を開いてしまうことだろう。そこには「漱石」の『こゝろ』を「読解」することより以上のなにかがもたらされるかもしれない。他なるものの登場と同時に、言葉に倫理と責任の次元が生じるかもしれない。声は規制される。だが声はひとつの今ここの場面をいつでも分割している。国語教科書の戦後史の今をそれほど楽天的に読むことはできないのだが、すくなくとも歴史から知恵を借りることのできる私たちには、何が必要かくらいは分かる。自己のループを閉じてはならない。自己教育にいそしむあまり、外なるものを視野から追い出して孤立することがあってはならない、ということだ。

あとがき

戦後初期の民主化、被占領経験と「独立」、戦後ナショナリズムの曲折、高度成長政策と企業社会化、グローバル化とナショナリズムの再利用、ネオリベラルな主体モデル――。終戦から現在にいたるまで、時代ごとに交替で登場したたくさんの論点を、いちど通して考えてみたい。そのような中期目標的な「夢」を長らく抱えていた。もとより試みであるにせよ、本書がこのかたちになったのは、ひとまずうれしく思われる。

もっとも、それは始めから実現不可能の夢であり、かたちをとってなお夢のままともいえる。それはもちろん私に通史を構想する力量がないためだが、そればかりではない。かりに力量、勤勉その他の徳目に恵まれていたとしても、六〇年の時間とはあまりに長期かつ重層的であるため、適度にシンプルなストーリーをあたえないかぎり、ひとまとまりのかたちになって見えてくることはないように思われた。仮にひとつのストーリーに押し込むことができたとしても、それと引き替えにして膨大なノイズを消すことになるだろう。六〇年の論点のつらなりは、そのとき贋物になっているることだろう。するとどうあっても夢である。

が、それを抱えているうちに、国語教科書という場が見えてきた。言語・文学・言説編制と身体化とがからみ合う主体化の問題系、政治・経済・制度の問題系、社会思想の問題系、相互に異なるいくつもの領域の系が交差する場として、国語教科書を読むことができるように思われてきた。国語は、各時代の「問題」をダイレクトに反映し、あるいは何を「問題」とすべきかを指示し、かつ未来をどのようにイメージすべきかに関するイメージを普及させる場だった。当初の夢は社会的言説の縮図のごときこの場に引き寄せられ、かつ私自身の関心に引き寄せられて変化した。だから夢は実現したわけではないが、とくに挫折もしていない。ただ、教科書という場に限定してもなお、やはり膨大なノイズを消さざるをえなかった。太い変容の線を際だたせることを目的としたためである。実際には引用したかった文章の三分の二くらいは切っており、戦前・戦中に関連する部分もカットして、全体として初校の半分ほどになっている。往生際がよくないが、とても残念だ。

一〇年ほど前、近代文学史の歴史的変化を調査する目的で戦後の国語教科書をひとわたり調べたことがある。本書の最初のきっかけが、実に一〇年も前にあったと思えば感慨深いが、実はそのことを私も忘れていた。このきっかけが、本書にいくらかのバイアスを与えている。まず、当初の関心が文学史的言説にあったことである。そのため、ある時期まで文学史的な文章を豊富に教材化していた高校の国語を扱うことになった。教育史にポイントを置くなら義務教育の中学国語を取り上げる方が有効だったかもしれない。だが、文学的言説の広がりを導入することで、教育に限定されない領域を扱うことができるため、そのまま高校国語にとどまることにした。また、いくつかの出版社の教科書を見た中で、ここで実際に引用したのは主として三省堂の各種国語教科書である。この出版社は戦後初期から複数種類の国語教科書を作っており、ことに言語・文学の二分冊形式の教科書など、興味深い試みがあるためだ。それから、一〇年前の時点で、私は「教育改革」の問題系、つまりネオリベラリズムの問題系にさしたる関心を払っていなかった。問題の重大さを理解したのは、間抜けなことにずっと後だった。

以上、本書成立までの紆余曲折だが、茫漠たる夢に、言葉と社会という問題意識を持ち込んでくれたのは勁草書房編集部の土井美智子さんである。しかも方向さだかならぬ紆余曲折にしびれを切らせながらも付き合って、いつでも最初の読者として軌道修正を助けてくださった。もとより文章の不備、責任は私にあるが、土井さんの的確な助言と辛抱と編集センスなくしてこの本自体が到底成立しなかった。

それから、本書の背後には私の母親、すなわち私にとって歴史的他者を体現する存在がいる。彼女にとって夏目漱石は『草枕』であり『虞美人草』である。彼女はまた『藤村詩集』の序文も暗唱する。なんでまた、と思ったことから文学史それ自体の歴史に関心をもち、そして世代や歴史的体験の差異を保持しつつの対話というテーマの素朴な原型を得た。

前述したように、あまりに多くの教材に触れることができなかった。そのなかには、ページ数の都合という意味でなくして、取り上げることのできなかった文もある。『新版　現代国語　1』には沖縄の詩人・山之口貘の「妹へおくる手紙」、谷川健一の紀行文「与那国島の旅」が収録されている。この教科書の検定年は一九七二年、それまでサンフランシスコ講和条約によって日本から分離分断され米軍支配下におかれていた沖縄の施政権が、この年に日本に返還されている。そのタイミングを考慮してのことだろう、国語教科書も沖縄に関連する文章をとりあげたものと思われる。米国支配下にあって沖縄は、日本本土の「戦後」とは別の歴史を歩んでいた。本書が国語という視点から照らした戦後史の試みだとしても、それは日本本土に軸足をおいたかぎりでの「戦後」というほかない。すると、七二年というタイミングで教科書に登場したこれらの教材は、本書の扱う歴史の一部というべきか、それ自体の内なる批評というべきか、私自身が判断できず、結局本文に組み入れることができなかった。しかし他の多くの教材と同じ次元で黙殺することもできなかった。

山之口貘は一九〇三年に那覇で生まれ、大正末に上京してから主として東京で生活した。「妹へおくる手紙」の内容は、沖縄の妹からひとづてに手紙が届いたので、それに返事を書こうとする、というものだ。「兄さんはきつと成功なさると信じてゐます」と書いてくる妹になんと返事すればいいいか。その困惑がつぎのような詩となった。当時、この詩人は放浪生活者であり「びんぼう」であった。

この兄さんは
成功しようかどうしようか結婚でもしたいと思ふのです
そんなことは書けないのです
東京にゐて兄さんは犬のやうにものほしげな顔してゐます
そんなことも書かないのです
兄さんは、住所不定なのです
とはますます書けないのです
如実的な一切を書けなくなつて
とひつめられてゐるかのやうに身動きも出来なくなつてしまひ　満身の力をこめてやつとのお

もひで書いたのです
ミナゲンキカ
と、書いたのです。

一方の谷川健一の紀行文は、沖縄返還以前に「日本の西を限る国境の島」、与那国島を訪ねた時の印象に取材して過酷な人頭税に苦しめられたこの島に伝わる「人升田《とんぐだ》」の伝説、「クブラバリ」のこと、人頭税なき幻の島を人々が信じていたことにふれる。日本最西端の与那国は、地図で見るならすぐ西側に台湾があって、むしろ石垣島や沖縄島のほうが遠い。孤島で生きる人々の生活感情、人々が旅人に別れの挨拶をするとき、「また来てください」という再会のことばを決して口にしないこと、旅人がそう何度もこの孤島を訪れることはないとよく分かっている人々の無言を印象的に書いて、そして島の人々の「祖国復帰運動」にもふれている。

六五年に戦後の首相としてはじめて沖縄を訪問した佐藤栄作は「沖縄の祖国復帰が実現しないかぎり、日本の戦後は終わらない」といった。日本政府にとって自国領土が米国支配下にあるのは名誉なことではなく、その意味で沖縄返還は日本政府にとっての悲願だった。一方、沖縄での復帰運動の昂揚は、第二次大戦の苛酷な地上戦の歴史的体験を基盤としている。つまり憲法九条の日本への「反戦復帰」の意味をもっていたのであり、その限りで本土は沖縄が真に復帰したい本土でなければならないはずの、いわば提言であり要請であるような復帰である。島の人々の思いと日米政府のプログラムと、歴史的経緯が異なるそれぞれのアクターの心情を綯い合わせるようにして七二年に沖縄返還が実現し、同年の教科書にこうした教材が登場することになる。

しかしながら、この前後の沖縄には教材にある「祖国復帰運動」にとどまらない議論も存在した。日米政府間で沖縄返還の合意が確定するころ、当面する時事的問題としての復帰の意義が問い直されるなか、沖縄の内なる同化志向を検証する反復帰論、さらに国家帰属そのものに抗する主体を構想した反国家論の思想が生みだされた。こうした議論は七二年の教科書の頁上には存在せず、それゆえここで注目しておきたいように思う。以後も社会的、政治的、経済的な問題に直面するたびに、沖縄では独立、自立をめぐる議論が深められ、論争的かつ省察的な思想の言葉が交換される場が広がっていた。

本書のまえがきに、国語教科書は、言語的主体と社会との関係を公的に定義すると書いた。公式的なものの高度な可視性は軽視できない。が、繰り返しとなるが、それはあくまで公式レベルの定義であり、むしろその定義を問い返し、定義し直す多様で多層的な可能性はいくらでも存在しうるし、実際に存在している。国語が照らし出す戦後とは、この意味できわめて限定的かつ表層の「戦後」であるにすぎない。が、そうであっても教科書の余白にも、ざわめく歴史の声が聞こえないわけではない。本書で見たように、教科書とは編集の産物であり、教材と教材の間に作り出された余白こそ、むしろ雄弁に文章の方向付けをしていた。が、文章が文章であるために、編集方針としての余白ではない他の余白、余白の余白からあふれ出てざわめく声を消すことはできない。

七八年検定の『新国語1』には、山之口貘の「私の青年時代」という自伝的な散文が収められている。沖縄で少年期をすごし、やがて上京、「妹へおくる手紙」に見られるような放浪生活を送った青年時代を書き、最後に「会話」という詩をひとつ添えた文章だ。その中に、「ぼくはかつて（大正十二年）、関西のある工場の見習い工募集の門前広告に、「但し朝鮮人と琉球人はお断り」とあるのを発見した」という文がある。

括弧に括って「大正十二年」という年が書き込まれているが、この年、一九二三年に関東大震災がおきている。年譜によればその前の年に上京していた山之口貘は、下宿先から夜逃げしたり、転がり込んだ先の先輩の下宿からもまた追い出されたりしながら、駒込で震災にあっている。これを機に、貘はいったん沖縄に戻るのだが、たぶんその帰途でのことだろう、「朝鮮人と琉球人」を一括排除する門前広告を見る。

在日朝鮮人に対する虐待、虐殺のうちでも最も大きい規模の事件が、関東大震災のときの六千余人虐殺であった。震災に際し内務省警保局は、放火その他の不逞の目的を遂行せんとする「鮮人」を厳密に取り締まる旨の指示を出し、一部新聞も同内容を報道した。捏造された「朝鮮人暴動」の流言が広がるなか、軍隊、警官のみならず民間の「自警団」の手によって無権利状態にあった在日朝鮮人が殺害された。そして、このとき道行く人から朝鮮人を選り分ける基準となったのが「国語」であり、「十五円五十銭」といった言葉を言わせ、うまく言えない者が「朝鮮人」とみなされた。このとき中国人や琉球人の中にもやはり「国語」で選り分けられ犠牲となった者がいた。

教材となった「私の青年時代」のうち、震災をめぐる事項として書かれているのは罹災して沖縄に戻ったことくらいだ。が、「野宿」という別の文には、「社会主義者は片っ端から警察に引っ張られたとか、または荒川方面から朝鮮人の大群が東京をめざして来つつあるとか、井戸という井戸には毒が投じられている」といった騒ぎとなっていることが記されており、さらには貘自身が巡査に呼び止められたこともその文には書かれている。取り調べを受けた貘は、たしかに髪を長くしてはいるものの自分は社会主義者でなく詩人だと主張、嫌疑がはれると今度は「(社会主義者」でないという証明書を書いてほしいと巡査に頼んだという(巡査はしぶしぶ証明書を書き、駒込警察署の角印を押した)。また別の文「夏向きの一夜」は、なぜだか貘が、夜はもちろんのこと昼間でも頻繁に警官に誰何されるという内容である。どうも貘の風体が「所謂、るんぺん」に類するものだったからであるらしい。「(略)別に、ひどい目に合わされたこともなければ、豚箱を経験したわけなのでもなかった。ところが、いつ、どんな勘違いをされて、どんなひどい目にあわされないとも限らないような、そうおもう一抹の不安がぼくにはあったのである」。この文では佐藤春夫が「山之口君は性温良」云々という「証明書」を書き、この証明書のおかげで安心して街をうろつくことができた、となっている。

「のである」という実直な文体がふっくらとしたユーモアに転じる貘の文章の余白から、ときに、ユーモアとは異質の何ものか、理なき暴力が牙をむいて噴出する予感、その直前の空気を皮膚で感知してしまうときのその予感があふれ出しているように思われる。そうしたなにかをひそませる余白は――余白にざわめいている胸騒ぎのようなものは、教材となった文面のそこここに認められる。余白を、感知することができるかどうか。国語を読みながら国語に抗して読む、その姿勢が国語の教科書で育てられた経験をもつ私たちに問われることだろう。

二〇〇六年二月

佐藤　泉

著者略歴

1963年　栃木県足利市に生まれる
1995年　早稲田大学大学院文学研究科博士課程修了
現　在　青山学院大学文学部助教授、博士（文学）
著　書　『戦後批評のメタヒストリー――近代を記憶する場』（岩波書店、2005年）
『漱石　片付かない〈近代〉』（NHK出版、2002年）

国語教科書の戦後史　　シリーズ言葉と社会 4

2006年5月15日　第1版第1刷発行

著　者　佐《さ》藤《とう》　泉《いずみ》

発行者　井　村　寿　人

発行所　株式会社　勁《けい》　草《そう》　書　房

112-0005 東京都文京区水道2-1-1　振替　00150-2-175253
（編集）電話　03-3815-5277／FAX　03-3814-6968
（営業）電話　03-3814-6861／FAX　03-3814-6854
大日本法令印刷・中永製本

ISBN 4-326-19930-X　　Printed in Japan

◆シリーズ言葉と社会　領域を越えて新しい切り口から世界を見る

矢野道雄　星占いの文化交流史　四六判　二一〇〇円

宮原浩二郎　論力の時代　言葉の魅力の社会学　四六判　一九九五円

菅野覚明　詩と国家　「かたち」としての言葉論　四六判　二三一〇円

■シリーズ認知と文化　最先端の知見をわかりやすく伝える

K・ダンジガー　河野哲也監訳　心を名づけること　心理学の社会的構成　上・下　四六判　上三〇四五円　下三一五〇円

中込和幸・高沢悟・工藤紀子　メンタルクリニックの脳科学　四六判　三一五〇円

M・トマセロ　大堀・中澤他訳　心とことばの起源を探る　文化と認知　四六判　三五七〇円

石川幹人　心と認知の情報学　ロボットをつくる人間を知る　四六判　二二〇五円

伊藤克敏　ことばの習得と喪失　心理言語学への招待　四六判　二六二五円

加藤陽子　戦争の論理　日露戦争から太平洋戦争まで　四六判　二三一〇円

＊表示価格は二〇〇六年五月現在。消費税は含まれております。